本书受厦门大学"双一流"重点建设学科"马克思主义理论"项目资助。

本书在调研过程中承蒙
永定区委区政府、
永定区档案局（馆）、
金砂乡政府、
龙岩学院中央苏区研究院执行院长张雪英教授及马克思主义学院吴文春副教授、
永定区星岛档案技术服务有限公司郑亮女士、
同麓文化蒋好女士与张强、胡添成等校友的大力协助，
谨致谢忱！

【第二辑】

乡村百年

档案中的
永定近代社会生活

XiangCunBaiNian

Dang'an zhong de Yongding
Jindai Shehui Shenghuo

董兴艳◎主编

厦门大学出版社
XIAMEN UNIVERSITY PRESS
国家一级出版社
全国百佳图书出版单位

图书在版编目(CIP)数据

档案中的永定近代社会生活/董兴艳主编.—厦门:厦门大学出版社,2021.1
(乡村百年·第二辑)
ISBN 978-7-5615-7824-7

Ⅰ.①档…　Ⅱ.①董…　Ⅲ.①区(城市)—概况—龙岩　Ⅳ.①K925.74

中国版本图书馆 CIP 数据核字(2020)第 129669 号

出 版 人	郑文礼
责任编辑	高　健
封面设计	李夏凌
技术编辑	许克华

出版发行　厦门大学出版社

社　　址　厦门市软件园二期望海路 39 号
邮政编码　361008
总　　机　0592-2181111　0592-2181406(传真)
营销中心　0592-2184458　0592-2181365
网　　址　http://www.xmupress.com
邮　　箱　xmup@xmupress.com
印　　刷　厦门集大印刷厂

开本　720 mm×1 000 mm　1/16
印张　14.75
插页　1
字数　212 千字
版次　2021 年 1 月第 1 版
印次　2021 年 1 月第 1 次印刷
定价　90.00 元

厦门大学出版社
微信二维码

厦门大学出版社
微博二维码

探索课程思政与档案育人的生成性关系
——兼论破除"历史虚无主义"的实践路径
（代序）

张 侃

一

古人云：忘记历史就意味着背叛。中国共产党历来有高度重视历史的优良传统。毛泽东在 1961 年 6 月的中央工作会议上指出，"我们是历史主义者，给大家讲讲历史，只有讲历史才能说服人"[①]。习近平总书记对中国共产党重视历史的治国经验有精辟总结，"学习和总结历史，借鉴和运用历史经验，是我们党一贯重视并倡导的做好领导工作的一个重要思想和方法"，"是我们党九十年来之所以能够领导中国革命、建设、改革不断取得胜利的一个重要原因"。[②]他在 2016 年的哲学社会科学工作座谈会上专门指出，"历史和现实都表明，一个抛弃了或背叛了自己历史文化的民族，不仅不可能发展起来，而且很可能上演一场历史悲剧"[③]。在实现中华民族伟大复兴中国梦的过程中，能否以科学的态度对待历史、阐述历史，决定了我们能否合理认知现在、引领未来。在中国共产党成立 92 周年前夕，习近平在主持中央政治局第七次集体学习时说，"历史是最好的教科书。学习党史、国史，是坚持和发展中国特色社

[①] 《毛泽东文集》第 8 卷，人民出版社 1999 年版，第 236～237 页。
[②] 习近平：《领导干部要读点历史》，《学习时报》2011 年 9 月 5 日。
[③] 习近平：《在哲学社会科学工作座谈会上的讲话》，《人民日报》2016 年 5 月 19 日。

会主义,把党和国家各项事业继续推向前进的必修课"。党的十九大报告明确指出,"我们走中国特色社会主义道路,具有无比广阔的时代舞台,具有无比深厚的历史底蕴"。

但最近一段时间以来,历史虚无主义成为对社会有较大影响力的思潮。根据人民论坛调查,国内十大社会思潮中历史虚无主义表现突出,2013年排名第二,2014年排名第七,2015年排名第二,2016年排名第七。这股思潮与近代以来宣扬"全盘西化"的民族虚无主义或文化虚无主义不同,是以所谓"学术研究""还原历史""重新评价"等名义扭曲中国近现代史、中国革命史、中共党史以及共和国史,蛊惑人心,扰乱历史共识。习近平总书记为此在2010年7月全国党史工作总结会上特别指出的,"历史虚无主义以所谓'重新评价'为名,歪曲近现代中国革命历史、党的历史和中华人民共和国历史"[1]。

历史虚无主义成为社会思潮,一方面离不开国内外反对中国共产党的政治势力的合力推动,"从根本上否定马克思主义指导地位和中国走向社会主义的历史必然性,否定中国共产党领导"[2]。另一方面是历史虚无主义的受众或部分主动传播者缺乏对历史事实的认知能力和辨析能力,成为历史虚无主义者宣扬以"新史料""新角度"进行"反思"的拥趸。尽管党中央和各级领导强调反对历史虚无主义的重要意义,但是如果对此掉以轻心,我们就会在思想防线全面失守,犯下"无可挽回的历史性错误"。因此有效应对历史虚无主义,无疑是新时代党和国家的历史重任。反对历史虚无主义,作为当前意识形态斗争的重要内容,必须有的放矢。

历史虚无主义最具迷惑性、最具蛊惑性的一面,是宣扬者打着"实证研究"的幌子,以历史档案揭秘和重新解释吸引眼球,将自己政治意图藏进了他们所选择的"历史事实"和"历史细节"的后面。史识源自史实,习近平总书记也多次强调,"历史就是历史,事实就是事实,任何人都不可能改变历史和

---

[1] 《全国党史工作会议在京举行》,《人民日报》2010年7月22日。
[2] 《全国党史工作会议在京举行》,《人民日报》2010年7月22日。

事实"①。应对这种以偏概全、以小博大的"重写历史"或"肢解历史",直接方式就是摆出事实予以批驳与反击。在此过程中,历史研究者既要保持实事求是的态度,凭借扎实的史料学功底,不断夯实史料这类历史记忆的真实性与严肃性,又要具有强烈的政治意识,旗帜鲜明地站在人民立场上发声,更要掌握对相关史料进行搜集、鉴别、解读与利用的技能,探索科学的批判方法。恩格斯早就指出,"在这里只说空话是无济于事的,只有靠大量的、批判地审查过的、充分地掌握了的历史资料"②,才成形成最犀利、最直接的武器。

习近平总书记就如何应对历史虚无主义的挑战指出了工作路径,"加强史料收集和整理","通过档案、资料、事实、当事人证词等各种人证、物证来说话",以"翔实准确的史料",进行"深入细致的研究分析"。③其中档案是国家机构、社会组织以及个人从事政治、军事、经济、科学、文化等历史活动的原始记录,是当时、当地、当事人直接记录并流传下来的第一手史料,不会因时间的推移而改变其原始面目,真实性、可靠性、权威性具有优先地位。习近平总书记在浙江工作期间,2004年5月26日考察浙江档案馆指出,"经验得以总结,规律得以认识,历史得以延续,各项事业得以发展,都离不开档案"④。可以说,档案史料是形成历史的客观认识的重要基础,"没有档案的真实客观,历史记忆将摇摇欲坠"⑤。

二

中国古代封建社会档案是统治阶级维护自身权益的工具,大部分放置在官方机构中保存,始终奉行向上的"资政"理念,文化价值和社会价值基本上无从体现。进入近代社会之后,虽然档案制度也逐渐转型,但是封闭式的

---

① 习近平:《在纪念全民族抗战爆发七十七周年仪式上的讲话》,《人民日报》2014年7月8日。

② 《马克思恩格斯文集》第2卷,人民出版社2009年版,第598页。

③ 习近平:《让历史说话,用史实发言,深入开展中国人民抗日战争研究》,《人民日报》2015年8月1日。

④ 刘芸:《以习近平同志讲话精神为指引推进浙江档案事业新发展》,《浙江档案》2014年第9期。

⑤ 丁华东、余黎菁:《论特里·库克的档案记忆思想》,《档案管理》2014年第6期。

"资政"理念仍是主流仪式。中华人民共和国建立后，受到国内外主观与客观的限制，过于强调档案保密，档案利用被限制在非常小的范围之内。改革开放以来，随着社会主义现代化事业的飞速发展，党和政府也逐渐制订一系列档案法规与制度，健全档案开放利用的规范化，档案的开放与利用进入黄金时期。

1979 年，学术界代表在全国五届人大二次会议上提交了开放历史档案的提案。为了适应各方面对档案利用的迫切需要，曾三起草的《关于开放历史档案的几点意见》经中共中央和国务院批准后，由国家档案局在 1980 年 3 月发出执行。① 此份意见确定，中华人民共和国成立之前的历史档案和革命历史档案，除极少数外，一律向党政机关、科研部门、史学部门及其他相关部门和有关人员开放。1982 年，中央办公厅、国务院办公厅转发国家档案局的《关于开放历史档案问题的报告》。1983 年，国家档案局颁布《档案馆工作通则》，以法规形式将档案开放列为各级各类档案馆的基本工作。

1986 年 1 月 16 日，胡乔木就开放历史档案问题专门给王兆国写信："档案的进一步开放（包括对国外开放），势在必行，这是繁荣我国学术事业和实行对外开放政策的必然要求，各国的通例我国不能例外。"② 1986 年，国家档案局印发了《档案馆开放档案暂行办法》，提出了档案定期开放原则。1987 年，颁行《档案法》，正式以国家法律形式确立档案定期开放原则，当时规定：国家档案馆保管的档案，一般应当自形成之日起满 30 年向社会开放。经济、科学、技术、文化等类档案向社会开放的期限，可以少于 30 年；涉及国家安全或重大利益以及其他到期不宜开放的档案，向社会开放的期限，可以多于 30 年。为了将档案开放落到实处，国家档案局先后制定发布《各级国家档案馆馆藏档案解密和划分控制使用范围的暂行规定》《各级国家档案馆开放档案

---

① 冯子直：《建设党和国家社会主义档案事业的主要实践和基本经验——在纪念国家档案局成立 60 周年座谈会上的发言》，《档案学研究》2015 年第 2 期。

② 《国务院办公厅转发国家档案局关于加强档案馆建设和进一步开放历史档案的报告的通知》（国办发〔1986〕67 号），http://www.gov.cn/zhengce/content/2013-09/03/content_2343.htm，访问日期：2019 年 12 月 10 日。

办法》等规章。在各级政府和档案管理部门的努力下，档案开放的制度化建设日臻完善，也实现了档案馆由封闭型向开放型的战略性转化，经过利用者、整理者、研究者的挖掘，原来沉睡的瑰宝在社会主义现代化建设中发挥出了重要作用，公众对档案史料的价值和档案工作的重要性也有了深刻认识。

完善的制度设计和法规制定只提供了档案开放利用的可能性和前提条件。但是在实际工作中，各级、各类、各地的国家档案馆的档案保存、制度实施、人员配置等情况参差不齐，所带来的实践效果有所差别。尤其《档案法》与《保密法》的配合与协调过程所产生的制度空隙，容易导致档案的"人为封闭"。《保密法》对现实工作中形成的档案多数以"绝密""机密""秘密"确定密级，这一定级方式很难适用到历史档案管理。1979年5月26日，胡乔木在批示中央档案馆《关于提供周恩来同志手稿遇到的几个问题的请示报告》指出档案形成时间与档案密级之间的反比关系，"党史上的秘密，经过一定时间，其秘密性和保密的必要性也就逐渐减少，这是世界各国档案工作中的共同规律"。同年8月1日，胡乔木批示中央档案馆《关于档案的利用和保密等问题的请示报告》指出："我认为这个报告对今后档案工作的改革考虑得不够积极。……档案工作一面要注意保存和保密，另一面要注意利用和流通……对非机密和一般机密要准备在一定条件下一定范围内公开开放，其性质要近似图书馆。"[1]

相关法规没对定密和解密主体进行较为具体规定，过于宽泛和模糊的法律条文没有制定档案开放中的保护性政策条款，使得档案部门在工作中承受了过多的解密压力，逐渐形成"无限责任"的认识误区。档案部门处于开放档案可能承担"泄露国家机密"和"侵犯个人隐私"的双重压力下，容易以"严格保密""限制利用"的托词予以"不开放或消极拖延"，以达到责任规避的目的，人为地生成了"不是秘密的秘密"。

在此状况下，中国近现代史、中共党史和中华人民共和国史的档案开放程度相对不高，这是学术界应对历史虚无主义乏力的困境所在。如原中国社

---

① 刘国能：《开放档案 亟须形成机制》，《北京档案》2010年第6期。

科院当代史研究所副所长程中原说，"面对谣言和攻击，权威部门要拿出档案文献以正视听。不能任由人家说，我们不回应。你不回应就等于默认"。档案开放利用不足，低水平学术研究就层出不穷，成为应对历史虚无主义乏力的软肋，"存在着档案文献不够的问题，也存在已经开放的档案文献未得到充分研究和利用的问题，造成了不少学术研究成果实际处于一种低水平重复的状态"。①

三

闽西苏区是原中央苏区的重要组成部分，也是毛泽东思想的重要形成地之一。中国共产党从土地革命时期开始，才独立领导中国革命。可以说，没有苏区就没有中国革命的正确道路。在革命斗争环境恶劣、党组织屡遭破坏的情况下，中国共产党及其领导下的革命政权机构、军队、团体等组织形成的档案，能保存下来的史料只有很少的一部分。新中国成立后，闽西开展了党史资料征集工作，并对档案进行了初步整理，如龙岩市档案馆当时就拥有2000多件土地革命战争时期闽西苏维埃政府的革命历史档案文献。自此，党校、党史研究部门、博物馆和档案馆均形成了收集、整理和出版革命档案的优良传统。

20世纪60年代初，闽西的市县两级档案部门响应党和政府的号召，捐献了大量的革命历史档案，包括红四军党的七大决议案手写稿、中央九月来信手写稿等。1979—1980年，中共福建省委党校党史研究室出版《红四军入闽和古田会议文献资料》，1981年，中共龙岩地委党史资料征集小组利用档案等文献资料编辑了《闽西革命文献资料》（1—4辑），共计200万字。另外福建省档案馆也分别出版《福建革命历史文件汇编》《闽粤赣边区革命历史档案汇编》等。近年来，档案文献整理工作成绩更为显著，龙岩市党史研究室先后与龙岩市文管会、古田会议纪念馆等联合编辑出版《闽西革命史文献资料》（10卷），与江西省委党史研究室等联合编辑出版《中央革命根据地历史资料

---

① 张星星：《中华人民共和国史研究的现状》，《当代中国史研究》2008年第2期。

文库》(13卷),与龙岩市档案馆联合编辑出版《龙岩市历次党代会重要文献汇编》等等。这些历史档案见证了中国共产党领导闽西人民进行艰难曲折斗争历程,真实地反映了革命战争年代闽西的政治、经济、文化、军事等基本面貌。龙岩地区通过整理浩如烟海的原始档案文献,一方面为全面研究闽西革命历史提供了第一手资料,以宣传部、党校、党史办、高等院校、博物馆、档案馆等机构为基地,系统培养了几代致力于闽西苏区史和革命历史研究的学术队伍;另一方面以事实为依据,得以多渠道传播闽西苏区历史,有力反击各种类型的历史虚无主义,革命历史在闽西大地成为意识形态主旋律,为闽西的红色资源的保护利用和红色基因的传承创新,奠定了坚实的基础。

近年来,在厦门大学校领导"繁荣哲学社会科学计划"的经费支持下,李小平、董兴艳和笔者执行了"福建稀见革命史料"专题研究,展开了档案的收集、整理、编辑、出版工作。在课题执行过程中,我们发现,闽西苏区革命档案整理虽然已取得良好成绩和丰硕成果,但是继续开发的空间仍非常广阔。如董兴艳以闽西为例指出了地方档案馆、纪念馆保存的五种革命资料类型,还进一步说明,"从馆藏情况来看,有些馆将相关档案整理出来,立'革命历史档案'全宗,但仍有一些本应纳入'革命历史档案'的文件散见于其他全宗,查档时不能仅仅局限于'革命历史档案'全宗。有些馆不设'革命历史档案'全宗,尤其是一些地方档案馆,相关的革命史料散见于各全宗,例如关于中国共产党组织在当地活动的很多档案就保存在'民国县政府'全宗"①。在此思路之下,课题组在上杭、永定、新罗等县区级档案馆开展深入调查,整理了诸如闽西义勇军档案等稀见史料,并即将付梓出版。

科学研究的目的不仅仅在于推动本学科领域的内在创新,更为广泛的意义和价值还在于关注社会重大问题。对于高校而言,以人为本,如何将科研成果转为了教学内容,是一个基本命题。厦门大学马克思主义学院坚持以"接地气"的教学实践为龙头,提倡"思政课程"走进社会,既是思政教学模式的创新,也是人才培养方式的提升。面对历史虚无主义思潮的冲击,大学的

①　董兴艳:《地方档案中的中央苏区革命史料》,《福建史志》2017年第3期。

"思政课程"必须转向"课程思政"。2018年7—8月，在前期工作的基础上，李小平、董兴艳、张侃、邱志强等老师围绕着厦门大学社会实践课程的教学目标，以"福建红色文化资源的收集、整理与研究"主题向全校招募学生到永定区档案馆开展实践教学。在永定区档案馆领导的支持下和工作人员的配合下，师生们在永定区档案馆内进行为期一个多月的查阅、收集、拍摄、扫描、整理档案，取得较为显著的教学效果。

第一，实现"课程思政"和"档案育人"的有机结合。"中国近现代史纲要"的教师绝不应当止步于课堂讲授，而应引领学生接触历史、近距离观察历史。带领学生进入档案馆触摸档案，辨析档案，整理档案，在一张张泛黄的旧纸张中了解档案中的人和事。正如郭睿（国际学院）同学在感言中所道："民政类、军事类、经济类等等全方面、多角度的珍贵的档案，仿佛让我们站在时间轴上与历史对话，倾听那个年代这里发生的一桩桩一件件事，仿佛见证着红色文化萌芽、成长、成熟的过程，令人惊叹。"档案实物直观、生动、形象，引发的潜移默化作用可以"润物细无声"来比拟，与纯粹的说服教育和理论讲授相比，更具说服力、吸引力与感染力。学生通过档案资料整理，了解国家与社会发展的"前世今生"，才能把握国家发展的时代脉搏，真心持久地热爱祖国、社会和人民群众。了解过去，才能更好地走向未来。张凯（管理学院）同学的感言是这样写的："翻开这段厚重的历史，我们看到了民国的永定县社会生活的方方面面，小到柴米油盐酱醋茶的钱粮事项，大到处决某个重犯的重要案件，从经济到政治，从百姓到官员，从放牛种田的底层民众到发号施令的一县之长，我们看到了当时社会生活的真实影像，感受到当时社会的动荡不安，人民生活的艰苦辛酸。"

第二，实现"档案解读"和"实地考察"的有机结合。在教学实践过程中，同学们逐渐学会辨析档案的形成时间、行文机构、签署者印信等内容，即便是非文科背景的学生也乐在其中，如杨干（医学院）同学感言："每一份档案都承载着历史的一部分，都是后人了解历史的重要资料，我们将破旧不堪、随时可能被破坏或已经有破损的档案扫描保存下来，对我们和后人来说都是一笔宝贵的财富，所以在扫描的时候我们都很小心专注，而当自己用心去做一件事情的时候，就不会觉得枯燥无趣了。而且扫描的时候我们也不时关注一下文件内容，从中或多或少地了解一些永定当地民国时期的生活状况和历史事件，也别有一番趣味。"当然，档案资料以纸本记录形态为主，是在一定的社会历史条件下形成的，不可避免地受到社会环境和思想意识的束缚，同学也学会"读万卷书行万里路"的研究方法。师生们利用周末闭馆时间到闽西四大暴动的"永定暴动"起源地——金砂进行实地调查和口述访谈，开展情景化教学，深化档案中涉及的历史环节。如刘铭东（人文学院）同学的感言所展现的："我们不仅了解了永定红色革命文化，知晓了在当时社会背景下永定县的生活面貌和政治、经济、文化等方面的风貌，了解了永定县人民对于革命事业和解放事业的杰出贡献，明白了共产党领导下的永定和尚处革命阶段的永定相比有了怎样长足的进步，而且我们也培养了自身勤劳耐心、刻苦认真、严肃端正的工作精神，激发了我们内心深处热爱祖国、热爱人民、为中国共产党和各阶级人民群众对革命的贡献感到欣喜与骄傲的爱国精神和民族精神。"

四

20世纪的中国历史波澜壮阔，政治、经济、文化、社会等方面发生了翻天覆地的变化，前所未有。社会阶级对立之激烈，利益关系调整之深刻，政治运动展开之复杂，令人震撼。这是一场人人参与的历史变局，形成了巨大的历史旋涡，站在不同的立场和角度而产生不同的评价在所难免。别有用心的人对此推波助澜，以此鼓动政治风潮，达到反党反社会主义的目的，必须予以坚决反对和打击。与此同时，我们也应清醒地认识到，历史虚无主义作为社会思潮的一种形式，几经批判仍不休止，也说明在一定程度反映了客观现实，折射出中国特色社会主义发展过程的价值冲突和社会矛盾，深刻的历史文化和时代背景不容忽视，因此，必须充分认识与历史虚无主义斗争的长期性和艰巨性。

面对新形势，面对新时代，历史研究者、教育工作者及相关部门形成合力，主动设置议题，引导发展方向，形成抵制历史虚无主义的社会氛围与公民常识。习近平总书记在 2013 年 8 月 1 日全国宣传思想工作会议上强调："我们必须把意识形态工作的领导权、管理权、话语权牢牢掌握在手中，任何时候都不能旁落，否则就要犯无可挽回的历史性错误。"① 高校的意识形态工作复杂，要使大学生对马克思主义信仰做到真学、真懂、真信，必须将信仰教育贯穿于学校教育的全过程，直到达到"真用"的目标，才能说信仰教育完成了"万里长征的第一步"。因此习近平总书记在 2016 年 12 月 8 日全国高校思想政治工作会议上提出"要把立德树人作为中心环节，把思想价值引领贯穿教育教学全过程，实现全程育人、全方位育人"② 。这就要求实现从"思政课程"到"课程思政"的转变，其目标就是将信仰教育与专业教育相结合，实现专业授课中的知识传授与价值引导的有机统一。

经过深入学习和理解习近平总书记的关于"全程育人、全方位育人"的讲话精神，我们认识到作为高等教育工作者的时代重任，思政工作一直在路上！也就是说，"福建红色文化资源的收集、整理与研究"的教学实践课程结束了，但只是"课程思政"的一个环节和阶段成果。实践课程要达到的"立德树人"目标可以这么概括：学生参与社会实践的过程中，知识体系得到进一步的充实和完善，更好地践行科学价值观和人生观、政治观，从而得以提升自身的价值实现能力。与此同时，促使他们以实践来检验自己课堂所学理论知识，并运用理论知识来更好地指导实践、认识世界、认识社会，实现理论知识的最终价值。因此，如何巩固和深化同学们在"福建红色文化资源的收集、整理与研究"中收获的感想，并转化为思想意识，最终落实为行动方针和行为方式，成为我们的新课题。习近平总书记指出："办好思想政治理论课关键在教师，

---

① 王伟光：《牢牢掌握意识形态工作领导权管理权话语权——深入学习贯彻习近平同志在全国宣传思想工作会议上的重要讲话精神》，《人民日报》2013 年 10 月 8 日第 7 版。

② 《习近平：把思想政治工作贯穿教育教学全过程》，http://www.xinhuanet.com//politics/2016-12/08/c_1120082577.htm，访问日期：2019 年 12 月 10 日。

关键在发挥教师的积极性、主动性、创造性。"①

着眼于此,董兴艳老师在"福建红色文化资源的收集、整理与研究"实践队回校后,根据同学们在实地整理档案过程中发现的现象,以及各小组的汇报讨论,逐组指导同学们凝练主题。就如何进行更为扎实细致的研究予以深入和长期的指导。实践队同学来自不同学院,学科背景和专业素养差异较大,既有较为接近的人文学科,也有相距甚远的医科。经过一年多的师生共同努力,实践报告经历确定议题—阅读资料—撰写大纲—修改大纲—初稿—改稿—再改稿—三改稿—定稿—送审—修改格式—增加内容—再定稿的反复过程,撰写者通过历史书写的严谨过程得到了专业训练,对百年中国历史的认识和理解也在细节考察中得以提升。

实践报告以《乡村百年(第二辑):档案中的永定近代社会生活》为题付梓出版,分为正文、附录两大部分。正文不仅包括了传承、文教、经济生活、女界组团体、司法与宗族、卫生与防疫等一个区域乡村社会的整体面貌,而且着眼微观分析,发现问题,解决问题,落到实处,提倡创新。现正文具体篇目为《"红旗不倒之乡"金砂的变迁》《档案中的金砂先烈谢仁皆》《永定县中小学校教员调动的档案解读》《20世纪三四十年代福建省永定县教育会探析》《永定私立侨育中学建校特点》《〈永定新报〉复刊概述》《民国时期永定县银行业务中的贷借工作述略》《1937年度永定县商品流通概况》《地方如何应对中央:民国永定县政府私盐档案的解析》《1945—1949年间永定县私盐问题述略》《民国时期永定盐运行业股东大会概况》《1946年度永定县盐务法规略析》《民国永定县运输承揽商业同业公会档案初读》《1945年永定县峰市银行业同业会成立概况》《1945年永定县消费合作社初探》《〈福建省永定县妇女会章程〉档案解读》《从争坟案看永定县民间社会的宗法与司法》《民国时期永定县"公共卫生法令规章"档案解读》《永定县民国时期部分卫生法令的分析》《1946年永定县鼠疫暴发与公共卫生》。

---

① 《习近平主持召开学校思想政治理论课教师座谈会强调:用新时代中国特色社会主义思想铸魂育人贯彻党的教育方针落实立德树人根本任务》,《人民日报》2019年3月19日第1版。

从选题及成果可以看出,将实践转化为研究,对学生们思想意识的内在价值发掘具有直接的推动作用,符合国际通用的"设定场景—学生进入场景—体验—选择"的实践提升模式。通过实践报告的反复修改,精细化要求为思想政治教育与专业训练建立了"生成性"关系,同学通过自我辨析和讨论,不仅可以为将来进一步展开社会问题的观察与研究提供门径,而且也形成了自己的道德认知,并可以运用正确的道德观念指导现实状况下的道德实践。

与此同时,我们非常欣慰地看到,《乡村百年(第2辑):档案中的永定近代社会生活》的出版,也实现了"人才培养"和"服务地方"的有机结合。厦门大学与龙岩市有着深厚的历史渊源。2019年1月2日,为全面贯彻党的十九大精神,进一步落实国务院关于产教融合发展的部署要求,加快新福建建设,助力龙岩市区域经济社会发展,为回报龙岩市革命老区社会各界长期以来对厦门大学的关心与支持,厦门大学、龙岩市人民政府、龙岩学院合作共建厦门大学龙岩产教融合研究院。地方档案资料开放利用的瓶颈,在于现有档案编研人员不足和素质的参差不齐。应该说,"福建红色文化资源的收集、整理与研究"的实践课程推动闽西地方档案行政部门与厦门大学的共同合作,也就是厦门大学和龙岩的"产教融合"具体体现。

师生们直接参与档案整理、编研活动,将尘封百年的档案转为思想文化的瑰宝,大大改善学术研究与档案编研相脱节的不良现状。《乡村百年(第2辑):档案中的永定近代社会生活》的出版,对于提高地方档案人员的业务素质、扩大档案馆的社会影响乃至改善馆藏档案的质量,都有促进作用。由此,我们希望能继续与地方档案馆展开更为广泛、深入的合作,期待更有成效的"课程思政"的研究成果。只有通过师生们扎实细致的教学研究工作,将历史还给历史,沉渣泛起的历史虚无主义才能一扫而光,被摒弃在思想意识之外。

朗朗乾坤,自归清白。是为序。

目　录

传承 | 英烈

"红旗不倒之乡"金砂的变迁

张家喜　吴建璋　唐　晨　姜　凡 / 3

档案中的金砂先烈谢仁皆　张　凯　朱婷婷　贾丽娜 / 28

文教 | 众观

永定县中小学校教员调动的档案解读　吴妙玲　林　丹 / 37

20世纪三四十年代福建省永定县教育会探析　温金山　刘铭东 / 45

永定私立侨育中学建校特点

——从《侨育校刊》出发　胡立柯　王璐瑾 / 50

《永定新报》复刊概述　邓连邦　薛　瑞 / 65

经济生活 | 面相

民国时期永定县银行业务中的贷借工作述略　韦亦君 / 71

1937年度永定县商品流通概况　覃炫媛　旦增旺姆 / 75

地方如何应对中央：民国永定县政府私盐档案的解析　刘青霞 / 82

1945—1949年间永定县私盐问题述略　林东蔚 / 97

民国时期永定盐运行业股东大会概况

苗伊博　王恩泽　吕　芳 / 105

1946 年度永定县盐务法规略析　汪　洋 / 109

民国永定县运输承揽商业同业公会档案初读　成永祥 / 117

1945 年永定县峰市银行业同业会成立概况　陈楠林 / 123

1945 年永定县消费合作社初探　许依婷　陈柔言　黄舒婷 / 130

女界组团体 | 初探

《福建省永定县妇女会章程》档案解读

苏招培　朱　恒　赖加洋 / 137

司法与宗族 | 案例

从争坟案看永定县民间社会的宗法与司法　廖文斌　孟云鑫 / 147

卫生与防疫 | 解读

民国时期永定县"公共卫生法令规章"档案解读　刘士同 / 153

永定县民国时期部分卫生法令的分析　杨丰宁 / 156

1946 年永定县鼠疫暴发与公共卫生　江锟元　杨　干 / 164

附录

附录一　档案阅读训练　李芳钰 等 / 186

附录二　实践感悟　郭　睿 等 / 201

福建永定是我国著名的革命老区，是当年中央苏区的核心区域，是我们许多老一辈无产阶级革命家战斗、实践和生活的地方。在中国共产党的领导下，英勇的永定人民浴血奋战、前仆后继，坚持革命长达二十余年。而其中金砂乡是尤为著名的"红旗不倒之乡"，从大革命时期开始，金砂乡就不断涌现出许多富有革命精神的战士、同志，为革命的胜利做出巨大牺牲和重要贡献，他们中或许有些人在当时被反动势力冠以污名，含冤牺牲。但正是在许许多多热血拼搏、勇于牺牲的战士、同志的英勇奋战下，中国的革命最终才能取得胜利。从新中国成立到改革开放的今天，金砂人民的革命精神仍在不断发扬光大，代代相传，红色旗帜屹立不倒。

土楼一隅（江锟元 供图）

"红旗不倒之乡"金砂的变迁

张家喜　吴建璋　唐　晨　姜　凡

　　福建省龙岩市永定区（原永定县）金砂乡是中国红色革命发展的重要地区之一。从 20 世纪二三十年代开始，金砂人民就在中国共产党的领导下开始了武装反抗反动派统治的斗争，掀起了闽西革命大潮。在此期间，金砂地区作为中央红色交通线的重要一站，为中国革命事业做出突出贡献。中华人民共和国成立以后，以上金村为代表的金砂乡通过土地改革实现了经济社会的有效发展，包括人口增长、土地增多以及农业生产水平的提高，而且在烈士追恤和优抚工作等方面也取得了重大成就。改革开放以来，金砂地区在经济建设、文化建设、社会建设等诸多方面都取得了显著成效，人民生活水平得到了明显提高。因此，梳理金砂乡革命以来的历史发展脉络，深入了解当地经济社会发展状况，对于我们研究中国红色革命老区的变迁过程具有重要意义。

一、1930 年前后永定县金砂乡的红色革命

　　从《金砂人民革命史》（永定县金砂乡委员会编印，2005 年）了解到，20 世纪 20 年代后期，在闽西这片土地上，大小军阀相继进占永定，在当地强派捐税，对闽西百姓生活造成严重压迫，在张鼎丞等革命先辈的带领下，最终于 1928 年 6 月爆发了福建革命史上规模最大的农民武装暴动——永定暴动。另外，闽西永定金砂古木督（即上金村）"闽西交通大站"的交通员则对中央苏区的建设做出了不可磨灭的贡献，在最艰难的时期保证了有一条通往苏区

的红色交通线始终能够正常通行。这些先辈用鲜血彰显了红色年代的革命精神与斗争志气，今天我们依然有必要去重温这段历史。

（一）永定暴动

1. 历史背景

（1）艰难的生存环境

鸦片战争结束以后，我国开始逐步沦为半殖民地半封建社会，全国人民不断遭受帝国主义、封建主义和官僚资本主义三座大山的压迫与剥削。1911年，辛亥革命爆发，在中国存在了 2000 多年的封建专制制度随之被推翻。然而，革命的胜利果实却被反动军阀袁世凯窃取。此后，我国便进入了军阀混战时期。

在此期内，各种大小军阀相继占领永定，并在当地卖官售爵，强派军饷，乱抓壮丁，当地百姓苦不堪言。例如，"1925 年，军阀谢文炳一到永定，就派了 10 万元的捐款"。此外，地方的豪绅地主与军阀相互勾结，他们充当军阀们的代言人向各处农民大肆派发军饷，不仅从中牟取了高额利润，还成功地将自身的捐税压力转嫁到了当地农民身上。与此同时，当地豪绅地主还趁机提高田地租额，按照"业七佃三"（即业主七成，佃农三成）的比例定下铁租，定期成群结队地前往农民家中收租。长此以往，农民被迫将田地、房屋不断抵押出去，进而生产遭到破坏，经济日益衰落，生活变得极其贫困。

（2）马克思列宁主义的传播与中共党组织的建立

1926 年 7 月 1 日，广东国民政府发布了《北伐宣言》，9 日国民革命军正式出师北伐，全国工农运动激烈开展。在金砂人张鼎丞的倡导下，金砂乡于该年成立了农民协会，以此来开展抗捐抗租活动。1927 年 6 月，张鼎丞加入了中国共产党。7 月，在党组织的派遣下，张鼎丞在金砂地区大力传播马克思列宁主义，培养了一批农民运动领导骨干，并组建了首批秘密武装组织——铁血团，以号召广大人民参与革命斗争。此后，以张鼎丞为首的中国共产党人以金砂为据点、金砂公学为阵地，以教师身份作为掩护，积极开展了一系列革命活动,相继建立和发展了党的组织和群众组织。

1927 年 8 月,溪南地区第一个党小组正式成立,张鼎丞任党小组组长。9 月,中共溪南第一个党支部在张鼎丞家中成立,接着中共溪南区委在金砂公学成立,张鼎丞任区委书记。与此同时,少共区委、共青团溪南区委等党团组织不断涌现。自此以后,金砂党组织以当时党的政治主张和政策为基本内容,结合金砂地区的斗争实际和中共福建省委"争取群众武装暴动,土地革命,建立苏维埃"的斗争方针,大力宣传马列主义和中国共产党的主张,提出了"反对帝国主义和封建主义的反动统治""反对国民党军阀、贪官污吏、土豪劣绅的压迫剥削""反对收租逼债"的政治主张,并将这些主张与当地百姓遭受压迫剥削的具体事例结合起来,先在党内进行教育,然后向广大群众积极宣传,极大地鼓舞了金砂人民,同时给他们指明了正确的革命方向。

1927 年 10 月 25 日,中共永定县第一次代表大会在金砂公学举行,会议宣布成立了中共永定县委员会,选举产生县委委员 10 人,同时,会上还对县委领导进行了具体的分工。这次大会认真贯彻落实了党的"八七"会议精神,坚决执行"争取群众,武装暴动,土地革命和建立苏维埃政权"的斗争方针,确定了以溪南为中心发展革命力量,从而逐渐形成了对永定县城的包围态势。

（3）平民夜校的创办与武器装备的筹集

平民夜校是党组织创办的,极大部分教员都是党员。当时主要有上金的古木督圳上小学、中金西湖的经公祠、洋田祠堂以及下金的秀溪"羊栏下"等 20 多个自然村都办起了平民夜校,组织广大农村男女青少年,甚至个别自愿参加的老贫农学文化、学政治。通过这一形式,教员们向学员宣讲党的政治主张和政策,采用本村的现实事例,讲述当地贫困农民深受地主豪绅和军阀官僚的压迫剥削,努力激发民众的革命意识,使广大群众能够紧密团结在中国共产党的周围。与此同时,平民夜校中的教员还教育学员们要做勤劳正直的好人,不嫖、不赌、不吸鸦片,努力搞好生产,从而一定程度上改善了金砂地区的不良社会风气,使得广大人民更加团结一致。

在铁血团组建以后,党组织发动当地群众购买枪支弹药,与此同时当地还坚持自力更生，自己制造枪弹。1927年10月，溪南区党组织在邹公庙秘密创办了兵工厂。如此一来，金砂基本上实现了能够自己生产土枪、土炮、子弹、梭镖、大刀等武器，从而为后来开展武装斗争创造了有力的军事条件。

（4）早期群众斗争运动的开展

1928年1月，时值旧历年关，中共溪南区委书记张鼎丞发动和领导了金砂地区1000多名群众到永定县衙示威请愿，要求"豁免冠婚丧祭屠宰捐"，这场斗争取得了胜利。接着，党组织又发动了龙门、陈东坑的农军抗击陈国华部的骚扰。上湖雷农协会镇压了奸淫妇女的"狗腿子"后又砸烂了县知事乘坐的轿子，高陂农协组织农民反抗马路捐并火烧了高陂团防局。春荒时节，各地党和"铁血团"组织均有较大的发展，如溪南地区就有党员200余人，铁血团员2000余人，农协会员3000余人。

1928年农历二月，永定县委根据群众的呼声与要求，提出了"借粮度荒，努力春耕"的口号，并由各乡党支部讨论布置了"借粮运动"，由各地农民协会具体确定了有粮的地主豪绅以及个别有剩余粮食的富裕户为平仓或借粮对象，即"分粮吃大户"。对象确定后，即派人向他们进行思想教育，鼓励他们要和睦乡亲，关心兄弟叔侄的生产与生活，最终取得了良好的效果。这次群众斗争运动，不仅团结和教育了广大民众，还对周边地区的百姓产生了很大影响，影响范围遍及整个溪南乃至全县各区乡，沉重打击了永定地区地主豪绅势力。

（5）"清乡委员会"的成立与金砂公学被袭

面对当地群众革命斗争的蓬勃开展，1928年5月，国民党军驻漳州之张贞独立四师派遣江湘率领一个支队进驻永定县城以加强防范。随即，他们与永定的土豪劣绅召开了"清乡会议"，并成立了"清乡委员会"。6月2日晚，国民党县政府派驻县城的独立四师二团江湘支队的100多名武装，包围袭击了中共溪南区委所在地——金砂公学及赤竹正德学校，区委书记赖文舫等6人被捕。这一事件成为永定暴动的导火索。

2. 暴动过程

金砂公学被袭之后，溪南区委组织全体农军一律上山做好战斗准备，各地农民实行戒严。各乡地主纷纷逃往县城与官僚军阀相互串通，断绝了城乡交通联系。此时正值夏荒，农民的农产品、炭、柴等无法进城出售，群众生活更加困难，革命的呼声更加高涨。

6月中旬，中共永定县委在陈东岭头湖塘小学召开了党员代表紧急会议，张鼎丞、罗秋天、阮山、卢肇西等人都参加了会议，会议由张鼎丞和罗秋天主持。会议决定成立"暴动委员会"，推选张鼎丞为总指挥，阮山、卢肇西为副总指挥，陈正、曾牧村、卢其中等人为委员，并制订部署了暴动计划："在太平里持镇静，东乡与湖雷做游击战争，实行杀土劣地主，焚烧田契，如军队对付游击队，则附城（溪南）干暴动。"同时决定使用"调虎离山之计"，立即发动群众武装暴动攻打永定县城，营救被捕同志。

6月29日凌晨，阮山、熊振声率领首先打进上湖保安队的30名工农士兵举行起义，并收缴了保安队和地主豪绅的枪支弹药，捉土豪、烧田契，从而揭开了永定暴动的序幕。7月1日，阮山、卢肇西率领队伍开赴下洋与陈正、曾牧村率领的下洋暴动队伍会合后，攻打古洋。3日，返回陈东；4日，开到上金丰，同日攻打平水坑民团，激战3小时后，攻入村里，烧毁大小楼房13座，而后暴动队伍开回陈东一带坚持斗争。

6月30日，驻守县城的江湘部获悉湖雷、金丰举行暴动后，立即抽调了200多兵力前往镇压。城内仅留下100余士兵镇守。张鼎丞、罗秋天接到龙岗乡党员卢启才送来的情报后，立即决定攻打永定县城。一方面派人通知西溪、东溪等地暴动队伍集中待命，另一方面集中金砂各乡村的队伍在赤竹凹待命出发。傍晚时分，溪南里暴动队伍3000多人分成三路向县城进发，并按指定地点埋伏在县城周围。

7月1日凌晨4时，张鼎丞下达攻城命令，并亲自指挥攻城。西溪农军戴福标首登北门城楼，占据城楼后，他立即发出攻城联络信号。各路队伍随即发起猛攻，直逼县衙和监狱。农民武装与敌展开激战，一开始用步枪射击，待子弹打光后，便使用大刀、长矛、土炮冲锋，敌人不支，龟缩在县衙附近据点等待援军到来。此时，出城敌军闻讯赶回援助。暴动队伍与敌军激战至上午9

时,才不得已撤离出城,但仍继续围城三天。

此时,邓子恢从上杭来到金砂,他与张鼎丞、罗秋天等主要领导者具体分析了斗争形势后,认为此次暴动已造成很大的声势,鼓舞了群众的斗志,打击了敌人的嚣张气焰,已经达到了一定的政治目的。因此应立即停止围城,把暴动队伍撤回农村开展土地革命。于是,县委改变策略,将暴动武装撤回到金砂、西溪、东溪等地,随即开展土地运动。据统计,此次暴动,共杀死反动军阀、地主、土豪劣绅 60 人,我方损失 20 余人。

3. 历史意义

永定暴动是福建革命史上中国共产党领导的规模最大、范围最广、影响最深远的一次农民武装暴动。1928 年 7 月 12 日,中共福建省委发出的第二十四号通告,向全省各地介绍了永定暴动的情况和经验,并指出"永定暴动已成整个闽西暴动的开始,也就是福建总暴动的先声"。其历史意义主要表现为以下几个方面。

永定暴动推动了工农武装力量的发展,为闽西红军部队的建立奠定了重要基础。暴动前夕,全县计有农军 12 个连,共有 1500 多人。经过暴动以后,县委吸取了经验教训,认识到要想搞革命必须要建立一支有组织、有纪律、能打仗的工农武装。于是,7 月 4 日,闽西第一支红军部队溪南红军营在金砂金古寺成立,由张鼎丞任营长、邓子恢任党代表,营下设 3 个连。暴动武装改编后便立即投入了反"清剿"斗争,从而保证了溪南区苏维埃政权的建立和首次土改分田的顺利进行。8 月 6 日,中共闽西特委和闽西暴动委员会在古木督成立,王海萍任总指挥,张鼎丞、邓子恢、傅柏翠任副总指挥,同时将龙岩永杭的暴动武装部队整编为闽西红军第 7 军第 19 师,下辖 3 个团。8 月 19 日,张鼎丞、傅柏翠率领 55、57 两个团开赴上杭开展稔田暴动 29 日,张鼎丞、卢肇西又率领 56、57 团开往平和五坎发动当地农民斗争,为饶和埔根据地的建立奠定了基础。1929 年 5 月,红四军解放了永定,革命武装力量迅速发展强大。

永定暴动创造了土改分田经验,有力促进了闽西土地革命运动的发展,使农民拥有了自己的土地。溪南红军营成立后,3 个连分为三路同时向金砂周围进发，发动群众收缴地主豪绅的枪支，打土豪、没收多余粮食和财物，当场烧毁田契借据。与此同时，溪南党组织在各乡发动召开群众大会，当场宣布废租、废债、抗捐、抗粮、抗税，并成立了双溪、樟园、赤丰、太平、中金等13个乡苏维埃政府。各乡苏维埃政权的建立，宣告了当地旧政权的终结，同时也为区苏政权的建立奠定了基础。8月初，溪南区各乡开展民主选举，每个乡选出代表3至5名。中旬，在金谷寺召开了溪南区工农兵代表大会。张鼎丞、邓子恢亲临指导会议，会上成立溪南区苏维埃政府，选举廖德修为区苏主席，范钦洪为军事委员会主席，还成立肃反、财政、文书等委员。同时大会还颁布由张鼎丞、邓子恢等人通过调查研究并亲自起草修改的《土地法》《劳动法》《肃反条例》《婚姻条例》等新法令。这些法令之后都得到了贯彻执行。此外，张鼎丞、邓子恢还主持召开了溪南第一次分田会议，详细调查了解当地各阶级土地的占有情况，讨论分田办法和原则，制定了一套没收和分配土地的政策和具体办法，经过溪南区工农兵代表大会讨论通过。也就是，"以乡为单位，即以本乡人民现有耕种的土地，作为本乡的土地所有权，归本乡按人口（包括地主、富农，但反革命分子除外）平均分配土地；采取抽多补少的办法以各户现耕土地为基础，按全乡每人平均应得的亩数为依据，有多的抽出来，不足的补给（他）去实行分配"。根据这种政策和办法，首先在古木督、卓坑泉、樟塔三个乡作典型试验，然后区委、区苏总结试点经验后在全区迅速推行。在不到一个月的时间内，溪南13个乡，近3万人口的地区完成了土地没收和分配工作。在1930年"南阳会议"上，毛泽东在充分肯定溪南"抽多补少"的分田经验的基础之上，增加了"抽肥补瘦"的主要原则，从而使土地分配政策更趋完善。它为党领导下的整个土地革命运动做出重大的贡献。

永定暴动促进了闽西工农武装割据局面的形成。永定暴动是永定县委根据党的"八七"会议决议精神和福建临时省委的指示，在南昌起义、秋收起义、广州起义的影响和推动下领导的。这次暴动使反动势力受到沉重的打击，在永定形成了工农武装割据的局面。中共福建临时省委、共青团福建省委高度评价这次暴动："6月29日，永定的工农从湖雷暴动起来了，红色的旗帜在三日之内飘扬于永定全境。他们用土枪炮,用镰刀和斧头,铁桶般地包围了县城,反动豪绅资产阶级吓得浑身颤抖,反动军队望见红旗的影子便逃,永定已不是国民党的永定,永定已经是革命工农兵的永定。""永定地主的田契,资本家的债券,被暴动的工农一焚而尽。"1928年7月29日,中共福建临时省委赵亦松高度评价:"永定农民斗争爆发,是闽西农民斗争的信号。永定游击战斗的开始,是福建游击战争第一幕。"可以说,永定工农武装割据局面的逐渐形成对闽西各地区人民开展武装斗争提供了宝贵的经验,也同时起到了典型的示范作用。

总而言之,永定暴动是在第二次国内革命战争初期,以张鼎丞、邓子恢等人为首的中国共产党党员带领广大人民进行武装斗争的一次伟大壮举,是一次运用马克思列宁主义进行武装夺取政权和实行土地革命的伟大尝试,其影响和功绩在福建革命史乃至整个中国革命史上都留下了光彩的一笔。

(二)中央红色交通线

在永定县金砂地区,除了轰轰烈烈的永定暴动等与敌人正面对抗的显见的冲突,在看不见的地下,还有另外一些隐蔽的革命者在与国民党反动派斗智斗勇。他们就是"中央红色交通线"的交通员。

1.什么是中央红色交通线

大革命失败后,党的"八七"会议决定要逐步建立全国性的秘密交通网。1928年6月,中国共产党第六次全国代表大会胜利召开,大会提出今后工作任务:"必须努力扩大农村革命根据地,发展红军,实行土地革命,建立苏维埃政权。"党的六大后,中国各地革命形势发生很大变化,全国出现了多个以武装割据为主要特征的红色苏维埃区域。闽西、赣南苏区是全国面积最大的一个,联合组成中央苏区。由上海党中央所在地通往中央苏区的红色交通线在全国所有交通线中,地位至关重要,作用非常显著,被称为"中央红色交通线"。[①]

---

① 《中央红色交通线研究》,中共党史出版社2015年版,第1页。

这张全国性的秘密交通网由长江、北方、南方三条交通站线组成。南方线或华南线（即史学界所说的"中央红色交通线"）是连接上海的党中央与朱毛红军的关键线路，1931年前后，党中央从各省调来强有力的干部打通了该交通线。而永定金砂古木督（即上金村）则是南方线上"闽西交通大站"的所在地。"闽西交通大站"站址原设立于永定虎岗，后迁往上杭溪口高寨坑村，1932年1月迁回永定边界的金砂乡古木督村。南方线一共有四条支线：上海—香港—南雄—江西，上海—香港—汕头—黄岗—饶和埔—闽西；上海—香港—汕头—潮安—松口—梅县—蕉岭—平远—江西，上海—香港—汕头—潮安—大埔—永定虎岗进入瑞金，长达数千里。其中前三条线路都先后被敌人阻断，只剩下最后一条经闽西的线路长久维持，为一些重要领导人（如周恩来、叶剑英、毛泽东等）进入苏区，为重要生活物资运送入苏区，为上海党中央与苏区的信息传递都提供了重要支撑。[①]

1930年，闽西苏区和赣南苏区连成一片，为了打破当时国民党对中央苏区的严密封锁，毛泽东派卢肇西到上海向党中央请示，开辟中央苏区到党中央所在地上海的交通站。卢肇西回到永定后，于1930年冬成立闽西工农通讯社（又称地下交通站）。[②] 后来，该站迁到永定金砂古木督永昌楼。

2. 中央红色交通线发挥的历史作用

首先，中央红色交通线沟通了上海党中央和苏区的信息往来。一方面，党中央需要加强对中央苏区的军事政治领导，需要通知各地苏维埃、红军中国时局形势及任务，以及反革命阵营内部和共产国际有关消息。另一方面，中央也需要各苏区、各红军向中央报告各地情况，对各地的一些任务做出指导。如果基层苏区的信息情况无法反馈，那党中央就有可能做出一些不合当地实情的决策，或者地方上的一些不当举措不能得到及时纠正。在1930年，便因为信息闭塞，上海党中央和闽西特委沟通不畅而发生的"闽西肃社党"事件，闽西特委"机械"地、过"左"地把肃清社会民主党的工作扩大化、绝对化

---

① 《中央红色交通线研究》，中共党史出版社2015年版，第6～7页。
② 《福建中央苏区——永定卷》，中共党史出版社2009年版，第190页。

了，出现问题又无法及时与党中央沟通，最终使得一大批优秀地方苏维埃领导干部和军中连、团职以上干部被无辜杀害。①

其次，中央红色交通线护送了大批干部到苏区。一方面，中央苏区的建设与巩固本身需要大量的优秀人才，而蒋介石又对苏区实行疯狂的围剿和封锁，这使得进入苏区不是一件容易的事。另一方面，随着国民党反动派在城市制造白色恐怖氛围，党中央从上海逐步撤离，也需要有一个隐秘安全的方式将党中央的领导干部转移进苏区。护送干部到苏区主要有三次集中的时段：一次是1930年前后，党中央从白区抽调一批干部到苏区加强领导力量，有100多名领导干部，其中有项英、任弼时等；第二次是1931年4月顾顺章叛变，上海的中直机关在周恩来的沉着指挥下迅速搬家，有的同志就被安排转移到苏区去，如李克农。第三次就是1933年1月初，中共临时中央政治局由上海迁入中央革命根据地。此外，中央交通线还承担经常性的护送任务，护送两次全国苏维埃代表大会的代表到瑞金。②

最后，中央红色交通线向苏区运送了大量物资。在国民党对中央根据地进行严密的经济封锁时，中央苏区的物资条件十分艰苦。食盐和药材的短缺也对苏区军民的生活和健康带来极大伤害。于是，在中央交通线沿途，香港、汕头、大埔以及苏区边境各县，党组织开设一些店铺，如文具、百货和药品等，并利用这些店铺的活动，输送苏区所需要的物质。在土地革命战争时期，该交通线安全运送了药物、食盐、布匹及通信设备等急需物资300多吨，为打破国民党军的军事"围剿"和经济封锁做出了巨大贡献。

二、土地改革时期永定县金砂乡上金村的基本状况及该地区的烈士追悼、优抚工作

1949年中华人民共和国成立后，金砂属第八区，政府设金砂西湖寨炮楼，辖13个村。③ 作为革命老区，革命英烈辈出之乡，金砂乡有7个村被评为革

---

① 《中央红色交通线研究》，中共党史出版社2015年版，第213页。
② 《中央红色交通线研究》，中共党史出版社2015年版，第14页。
③ 罗福初：《金砂之光》，中国评论学术出版社2011年版，第19页。

命基点村,而上金村即是其中之一。土地改革时期,老区及烈属得到了上级政府的密切关怀和扶助,渡过了灾荒的考验,得到了迅速的发展。

(一)土改时期上金村的人口、土地、农业生产状况

档案"本区各乡生产互助合作人口变动、牲畜等有关统计材料"中记录了土地改革时期上金村的基本情况。在1954年7月制发的"永定县八区上金乡牲畜调查表"及"永定县八区上金乡农业人口调查表"中记载,当时上金乡共有猪280头,耕牛184头,其中黄牛15头,水牛169头。全乡有农业人口821人,男性372人,女性449人。而同年制发的"永定县第八区各乡互助合作组织情况统计表"中记录,上金乡共有234户,820人,3009.20亩土地。其中,有雇农1户1人,贫农89户,326人,中农66户,251人,其他成分2户,12人。可见,当年的上金村是一个小有规模的,以农业生产为主要经济活动,以贫、中农为主体的村庄。

在"永定县八区上金乡个体手工业基本情况分户调查表"中,记录了当时全乡参与手工业活动的人口。根据表中记载,全乡只有5人从事缝衣行业的活动,且都是"农民兼工人",只在冬闲时进行手工业活动。可见村里的手工业活动并不活跃,只为农闲时补贴家用。

另一份档案,"本区土改统计报表"则详细说明了当时上金乡在土改前后各阶层的土地占有情况的变化。

表1　上金村土改前土地占有情况表

阶层	户数	户数占比（%）	人口数	土地面积（亩）	土地占比（%）	每人平均土地（亩）	耕牛（头）
地主	5	2	29	115.86	4	3.99	8
富农	5	2	22	122.39	4	5.56	10
中农	92	37	402	831.85	29	2.16	45
贫农	143	57	445	480.88	16	1.07	26
雇农	1	1.4	1				
身体残障者	1	1.4	1				

续表

阶层	户数	户数占比（%）	人口数	土地面积（亩）	土地占比（%）	每人平均土地（亩）	耕牛（头）
公共或机关用地				869.42	29		
其他				432.32	16		
合计	247		900	2932.62			89

表2 上金村土改后土地占有情况表

阶层	户数	户数占比（%）	人口数	土地面积（亩）	土地占比（%）	每人平均土地（亩）	耕牛（头）
地主	5	2	29	79.67	2	2.85	0.5
富农	5	2	22	75.88	2	3.46	4
中农	92	37	402	1261.23	44	3.13	75.5
贫农	143	57	445	1480.28	51	3.32	71.5
雇农	1	1.4	1	5.36	0.1		0.5
身体残障者	1	1.4	1	4.94	0.1		
公共或机关用地				25.26	0.6		
其他							
合计	247		900	2932.62			152

　　根据表1、表2，在土改前，上金村内有5户地主、5户富农，他们的人均占有土地数分别为3.99亩、5.56亩。而中农的人均占有土地数为2.16亩，贫农只有1.07亩。相对而言，在土地占有的数量上，土改前上金村的不同阶层之间差距并不大。而土改后，各阶层平均每人能拥有3亩土地，且耕牛的占有量更为平等，可见土改在当地卓有成效。

　　1955年填报的档案"本区各乡农作物播种面积及收获量统计面积"则反映了当时上金村的农业生产状况。根据"金砂区上金乡夏收农作物收获量定期调查报告表"，1955年上金乡的夏收作物收获面积达1023亩，总产量261899斤。其中以粮食作物为主，收获面积达1022亩，当地主要种植的粮食作物为早稻,并有少量早甘薯、芋头、玉蜀黍。南瓜也是当地的重要作物,在几份统计数据中都被单列出一类,在当季的产量可达19220斤。

1955年12月制发的"秋收农作物收获量定期调查报告表"显示,当年上金乡的秋收粮食作物收获面积达1380亩,总产量278226斤,在种植规模上要略高于夏季。秋收时的主要粮食作物亦为早稻,收获面积1269亩。此外,还种有少量甘薯、芋头、玉蜀黍、高粱和其他杂粮。南瓜依然是当地的重要作物,总产量高达38700斤。

档案中的"第八区上金乡春季农作物播种面积调查表"则反映了当地农业生产合作社、农业生产组、个体农民在当时各自的土地占有情况、种植规划。根据表格可以看到,上金乡全乡有耕地3197亩,其中农业生产合作社拥有668亩,农业生产互助组拥有1946亩,个体农民则有583亩。可见土地改革时期,农业生产互助组是当地的生产主体,但农业生产合作社及个体农民也有相当的体量。春耕时,当地播种面积2507亩,大都都用于栽种粮食作物。另一项主要作物依然是南瓜,全村共种植774株南瓜。此外,农业生产互助组还种植了少量技术作物,如土芋、花生以及一些蔬菜作物。

(二)土改时期当地的救济、优抚工作

档案"本区有关优抚、救济、代耕等文书材料"中,记载了1953年上级政府对永定县第八区的多次关怀、救济。

1953年4月,中央内务部函复福建省政府的电报中,在关于回乡转业军人的优待问题上,中央作出答复,"回乡转业军人原则上应取消其代耕和军属优待",且应当与一般群众同样负担一切勤务。但对于"个别病弱而确实无力自耕其土地者",可向上级政府反映,得到批准后,可酌情保留优待,以及减免勤务负担。同时,函复中要求,应积极组织回乡军人"参加农业互助合作组织",帮助他们解决生产中遇到的困难。

1953年10月,上级政府拨发给永定县一批救济款,以"帮助老区人民及缺粮群众解决当前生产生活上的困难"。在县政府下发予各乡政府的通知中,着重指出，这批救济款的发放对象应以"着重自然灾害严重地区"，"在同等条件下，应尽先照顾烈军属"，体现了对烈军属的关怀。其中，金砂乡收到了高达 900 万元的款额，对解决春夏荒及农业生产中的困难起到了积极的作用。

根据 1953 年 9 月的《关于发放追恤优抚条例公布前牺牲（病故）未领抚恤的烈士病故人员家属抚恤费意见》这一文书，早在 1952 年，永定县对各地的烈军工属的情况进行了调查，为优抚工作做好了先期准备。永定县政府催促各乡调查、上报抚恤名单，以及时发放抚恤款，造福烈属。文书中提到，到当时抚恤费仍存人民币 12189080 元，而省政府又拨发烈属抚恤费 30000000 元，合计 42189080 元，金额甚巨，可见上级政府对革命老区的爱护。为使这笔抚恤金落到实处，公文中强调，追恤对象应为"真正符合内务部五项优抚条例"的牺牲病故人员，情况不明者则不发或缓发。而各类烈属中，又以未领过抚恤费、革命领袖的家属、参加过红军而牺牲的烈士的家属等几类可以先行发放。而对于在"杀社党"中遭错杀的烈士，也可按照优抚条例，适当予以照顾。

1953 年 9 月 15 日，永定县向各乡政府下达通知，就中秋节前后的可能发生的秋荒问题，上级政府特拨款 600 百万元，以解决贫苦烈军属在生产与生活上的困难。尤其对家庭困难或上半年遭灾害而歉收，目前生活极端困难的贫苦烈军属，依照其实际困难程度予以补助。通知中强调，对于红军烈军属多的地区和山区基点村的烈军属应该多予以照顾。关于发放补助款的补助、方法，强调应"深入调查研究"，以确定补助救济对象款额。并要求吸收烈军属参与乡人民代表会议，或具有一定代表性的干部会议，积极参考群众意见，以确定救济对象、款数。发放救济款的基本标准是每户的人口数。1 户 1 口的人家以 3 万元起，到 5 万元为止。7 口之家则以 12 万为起，20 万为止。对于特别困难的家庭，经区领导批准，可适当再加补助。

1953 年 11 月 1 日，县政府又拨发给第八区 100 万元补助款以解决转业军人的生产、生活困难问题。"凡劳后转业退伍军人因各种特殊原因不参加生产而生活困难者"，都能够得到补助，包括患慢性病、年老体弱缺乏劳动力或家庭负担过重者。文件中强调，应根据家庭人口、困难程度严格审查，反对一般化的发放，以积极有效地帮助回乡转业军人解决生产、生活问题。

除了在经济方面的救济，老区代表、烈军属的政治权利也得到了保障。1953 年 11 月 10 日，县政府向各乡下发关于召开老区代表会议及烈军属代表会议的通知。其中要求各乡严格挑选以确定出席会议的代表名单，进行详细的审查，并提供履历表，以便县里进行复查，保证烈军属的政治参与权利。

对于老区的生产建设，上级政府也积极予以援助。应上级政府指示，1953 年年末，县政府配给第八区公所一批生产资料补助，以援助老区的春耕生产。特别对基点村的贫苦农民和老烈军工属的生产工作予以扶助。具体而言，配给给各乡若干牛、犁、耙等生产工具，并交给缺乏生产资料的贫苦户、烈军工属，以促进生产、精确扶贫，为即将到来的春耕做好准备。

（三）土改时期当地的烈士抚恤工作

对牺牲烈士的抚恤是一大要事。永定是著名的革命老区，在各个革命斗争时期中，有许多烈士和工作人员为了革命事业而光荣牺牲。战争年代，对革命烈士以及烈属的抚恤工作难以顾及。新中国成立以后，拨款救济贫苦烈军属，帮助他们解决生产、生活上的困难，就成为一项重要工作。

据"第八区五二年十月二日关于上金乡烈军工属生活情况的调查"，当时上金村鳏寡孤独与无依无靠的烈军工属有 8 户 10 人。烈军工属中，生活水平与群众相当的，占 10%，低于群众生活水平的，占 10%。其中，依靠常年补助的烈军工属有 8 户 10 人，依靠定期补助的烈军工属有 10 户 51 人。从每户的人口数可以看出，依靠常年补助的，多为无依无靠、人丁稀少的军属。在抚恤烈军工属方面，乡政府每年支出的补助高达 1000 万元，可见投入力度之大。

在档案"本区有关发放给各乡烈士追恤款报销册"及"批复各乡烈士及烈士登记名册"中，记录了 1954 年永定县第八区各乡追恤烈士工作的开展情况。

追恤工作的展开，首要任务便是确定烈士名单。在 1954 年 4—5 月份，各乡应上级要求,分别进行了烈士调查工作。在1954年4月填报的"第八区烈士追恤审查批复情况登记册"中,记载了当年上金乡上报的烈士名单及上级政府对于是否应追恤的答复。表中记载了烈士的姓名、牺牲类别、县人民政府的批示、关于应否追恤的答复。如烈士郑灿富,牺牲类别为阵亡,县人民政府批示"可称烈士,但其家属是过继子,不应追恤",而备注中写道"准称烈士"。而另一人张展祥,则被批示"该同志是叛变革命,不为烈士",因而不予追恤,也不能称烈士。又如范炳元,被批示为"经不起刑罚考验,供出党的秘密,不为烈士",因而也不可追恤。再如周树华,县政府批示,"牺牲情况未查明,暂不称烈士"。诸如此类,有失节行为、叛变革命的,不称为烈士。而牺牲情况不明的,也暂不称为烈士。此外,有"受害群众""革命群众""革命同志"等称号,授予达不到烈士标准,而在革命时期也有贡献的同志。

5月30日制发的"永定县第八区上金乡烈士调查登记表"中,记载了对全乡烈士的调查结果。以烈士郑灿富为例,表格中首先记录了其姓名、性别、年龄。然后记录了其入伍时间、地点、服务机关部队,"一九三十年十一月在永定参加少先队,后十二军",职别是战士。牺牲的时间、地点则是"一九三一年十一月在上杭县作战牺牲"。在"斗争简史"一栏中写道,"一九三十年十一月参加少先队,后调十二军第一营第一连任战士",简要说明其任职履历。证明人为王振槐,家属姓名是余富英,家庭人口有两人,系别(与烈士关系)为配偶,家庭成分是贫农。备注中特别说明,"根据评定问题第三条之精神,该女子确实未曾代替烈士照顾他的父母,此种情况不能抚恤"。这里的解释与之前县政府的批示不同,但这两种情况应当是可以同时存在的。由于不予以抚恤,"乡评定等级""县批准等级"两栏都放空不填。可见,并非身为烈士家属就能得到政府的抚恤,也要结合实际情况,以使抚恤金发到正确的人手中。

1954年7月18日,第八区公所向各乡人民政府下发通知,"向群众宣传烈士级别"。通知要求,将县政府确定的烈士级别和名单向群众公布,并征求群众的意见,以便于后续抚恤金的发放。公文中附录了烈士级别评定的初步标准,即按照烈士所任职别高低评定等级。赤卫队、交通员、战斗员等列为一等，乡长、连长等列为二等，县长、团长、县委书记、专员等列为三等。在之后公布的"永定县第八区烈士级别核准通知表"中，上金乡有范永桂等 11 名一级烈士，以及陈万利、余富仁 2 名二级烈士。

在"永定县第八区上金乡发放烈士追恤金报销名册"中，记载了当时受到追恤的烈士家属的家庭成分、烈士职别、追恤等级及追恤金额。可以看到，追恤等级为一级的烈士家属，追恤金额一般在 110 万到 140 万。如赖八娘家，烈士生前是独立团的战士，追恤等级为一级，前后收到两批追恤金，第一批 30 万，第二批 80 万，合计 110 万。而张大妹家，烈士生前任"乡苏交通"的职位，共收到 140 万的追恤金。而追恤等级为二级的烈士家属，追恤金额可达 210 万至 260 万。如戴连英家，烈士生前为游击团长，得到了二级追恤，前后两批共收到 210 万的追恤金。廖桂娣家，烈士曾任营部副官，则收到了 260 万的追恤金。

这一年来，前前后后严谨的调查、审核、公示流程，可见党和政府对于烈士追恤工作的重视，以保证抚恤金落到实处，使烈属得到慰藉。

土地改革时期，上金村、金砂乡乃至整个永定老区得到了上级政府的密切关怀。尤其在回乡军人安置、烈士追恤问题上，得到了上级政府的大力支持和援助，为农业生产的发展、经济的建设奠定了良好的基础。作为革命时期先烈辈出的老区，这是革命先驱为后代乡梓留下的一份遗产，而更重要的，是在精神血脉中传承下的革命、奋斗精神，激励着子孙后代在新时代继续发扬吃苦耐劳、艰苦奋斗的传统，为老区的美好明天不懈奋斗。

三、改革开放后永定县金砂乡的诸方面发展成果

改革开放以来，在党和政府领导下，以上金村为代表红色革命老区金砂乡焕发出了新的活力，在经济建设、文化建设、社会建设等领域取得了巨大成就。

（一）经济发展

从经济上讲，改革开放以来，金砂乡大力发展乡镇企业，开展企业结构改革，调整分配制度，优化劳动组合，发展农业承包责任制，依托地区优势，坚持山水田一手抓，以粮食作物为主，经济作物为辅，农林牧副渔齐头并进，发展农业多种经营。截至 1992 年，金砂乡农业生产总值已经达到 794.5 万元，人均粮食产量达到 559 公斤，人均蔬菜，水果产量分别达到 270 公斤和 89 公斤。畜牧业和渔业依靠科技进步也取得了长足进展，到 1992 年底，金砂肉类产量达到 298 吨，渔业产量达到 45 吨。工业企业方面，到 1992 年金砂乡工业生产总值达到 264 万元，企业产值达到 541 万元。全年乡财政收入达到 67 万元，全乡农村人均纯收入达到 691 元，人均储蓄 167.48 元。[①] 其中上金村全村截至 1992 年户数 1295 户，人口为 5948 人，劳动力总数 2574 人，以在本地从事农业种植的农业劳动力为主，只有百余人外出务工。农业粮食作物以水稻为主，经济作物有茶叶、枇杷、香蕉、菠萝、龙眼、荔枝等。实有耕地 1722 亩（数据来源金砂乡统计站 1992 年各种报表，卷宗号 009）。

从 1992 年到 2000 年，金砂乡经济平稳较快发展，到 2000 年初，全乡社会总产值达到 3055 万元，乡财政收入达到 241.4 万元，农业方面以建立市级商品粮基地和土地延包三十年不变为契机，狠抓农业基础设施建设，粮食产量连年上升，到 2000 年初，粮食产量已经达到 3597 吨。经济作物方面，全乡林业用地达到 44057 亩，水果产量达到 544 吨。全乡人均收入也不断增加，已经达到 2887.4 元，相比 20 世纪 90 年代初增长 4 倍有余。[②]

到 2005 年全乡社会生产总值达到 6816 万，其中农林牧渔业总产值达到 3228 万，工业总产值达到 1680 万，财政收入 317 万，农民人均纯收入达到 3488 元，人民生活水平不断提高。全乡大力推动农业结构调整，在保证粮食生产安全的前提下，大力推广烤烟、"六月红"芋子、花菜、芥菜等经济作物，

---

① 永定县地方志编纂委员会编：《永定县年鉴（1988-1992）》，龙岩 1996 年印，第 152 ~ 154 页。

② 永定县地方志编纂委员会编：《永定县年鉴（1988—1992）》，龙岩 1996 年印，第 185 ~ 186 页。

粮经比例达到 63∶37，经济作物比 2000 年提高了十个百分点。另外，大力引进优良畜禽品种，做好畜禽疫病防控，发展"果—牧—沼"、稻田养鱼等生态养殖模式，畜牧业、渔业取得新进展。肉类产量比 2000 年增长 1.17 倍，禽蛋产量比 2000 年增长 1.1 倍。林业方面，全面完成林权制度改革，林地面积共有67299 亩，森林覆盖率达到 80%，年可伐木 3120 立方米。尤其值得一提的是，当地特色产品金砂美蕉初具规模，金砂美蕉是当地农民经过多年栽培选育培养出来的优良品种，果实饱满，口感极佳，营养丰富，是纯天然的营养保健佳品。自 2001 年起，乡党委政府积极引导农民进行美蕉种植，成立美蕉协会，注册美蕉"古木督"商标，并在红色村落上金村、赤竹村建立了 100 亩的美蕉标准化栽培示范基地。2005 年，全乡美蕉种植面积达到 6990 亩，产量 6600吨，产值 750 万元，成为金砂特色和农民增收的重要途径。又开发出"土楼"牌永定菜干，产品享誉海内外，2005 年已有 120 万产值。同时金砂的乡镇企业不断发展，通过深挖潜力，技术革新，改善投资环境，实施项目战略，推进山海协作，金砂乡乡镇企业得到长足发展。乡镇企业总产值达到 2377 万，比2000 年增长 68.34%。作为张鼎丞（曾任全国人大常委会副委员长）的故乡，"永定暴动"的策源地，金砂拥有丰富的红色旅游资源，乡政府正在争取有关部门支持，准备大力开发金砂红色资源。[①]

到 2010 年，金砂全乡生产总值达到 11010 万元，比 2005 年增长 61%，农业产值达到 5315 万，工业产值 2921 万，服务业产值 2166 万，全乡财政收入616 万元，农民人均纯收入 5500 元，粮食总产量 1921 吨，水果产量 5343 吨，肉类总产量 1266 吨。其中金砂特色产业美蕉继续扩大种植规模，2010 年全乡美蕉产量 7000 多吨，产值 1300 万元，成为农民增收的重要途径。同时，金砂乡依托自身特色努力扩大农民增收途径，积极发展美蕉、芥菜、木薯、优质大米等"一村一品"产业，"金谷土楼"系列菜干，认真落实中央及省市县各项强农惠农政策，种粮农民综合补贴、新农机具补贴、"家电下乡"等优惠政

---

① 永定县地方志编纂委员会编：《永定县年鉴（2001—2005）》，方志出版社 2007 年版，第 349 ～ 350 页。

策全面到位，乡政府还出资对全乡水稻、能繁母猪实行统一保险，大大提高了农业生产的保障能力。在农业基础设施建设上，全面实施了烟基工程、土地整理、冬春修水利等建设项目，大大改善了农田水利基础设施。在地区特色资源红色旅游方面，金砂是"红旗不倒之乡"，有着丰富的红色旅游资源，乡政府大力开展红色文化宣传工作，充分利用各种媒体，多种途径宣传金砂红色品牌，推介金砂老区的红色资源，扩大红色老区的影响。充分利用中央大力支持原中央苏区和革命老区的大好时机，运作策划多种项目，用于金砂老区的基础设施建设，使老区人民群众得到更多的实惠。党和政府整合旅游资源，加强全乡革命旧址的维修和保护，对革命旧址周边环境进行全面整治，加强对县委成立纪念馆、永定暴动陈列馆、张鼎丞纪念馆、张鼎丞故居等纪念场馆的管理、整合，将金砂红色旅游列入全县旅游产业规划。同时全面提升旅游产业，以创建省级生态乡和五坑村创建省级生态村为契机，积极优越的自然条件大力发展农家乐、生态观光、人文观光等特色旅游产业，努力将金砂打造成为红色生态的县城后花园，成为永定创建山水园林式宜居城市的重要补充。①

到 2017 年，全乡实现社会总产值 2.99 亿元，其中第一产业 8630 万元；第二产业 11073 万元；第三产业 10296 万元；实现农业产值 2900 万元；林业产值 2313 万元；牧渔业产值 3417 万元；固投项目入统 13 个，完成固定资产投资 47603 万元；实现规模以上工业产值 4541 万元。全乡财政总收入 953 万元，农民人均纯收入 13288 元，签约引进了龙岩永昆文化创意产业园项目，计划投资 2.6 亿元，整体经济形势呈现良好发展态势。具体来讲，农业继续坚持粮经并重，粮食种植面积 6328 亩。经济作物方面，菜花、芥菜、紫云英、烤烟等发展良好，全面完成了上级下达的收购任务，同时，积极发展林下经济，加强种、养殖业的立体结合，实现农民增收增效，实现农、林、牧、渔业的全面增产增效。不断壮大"一乡一特、一村一品"产业发展格局，通过金汝山生态

---

① 永定县地方志编纂委员会编：《永定县年鉴（2006—2010）》，中国文化出版社 2012 年版，第 445 ~ 447 页；同时参考金砂乡 2010 年政府工作报告。

虫子鸡、"古木督"美蕉、福乐养蜂等项目促进农民增收,尤其是美蕉产业,全年实现产值近6000万。在惠农帮扶上面全面落实"三农"综合保险,全乡水稻种植参保5736亩,参保率100%;发放"三项"补贴资金41.4万元。在红色旅游资源的开发上,推进中央红色交通线挖掘利用。投入20余万元,完成革命老村上金村永昌楼遗址征地工作及范阳春将军故居土方清理、支架保护工程,中央红色交通大站已启动重建工作;对邹公庙、县委旧址、范阳春将军故居制作了维保文本以便进一步发挥老区特色优势,推动红色旅游项目的发展(金砂乡2017年政府工作报告)。改革开放以来,金砂乡的经济不断进步,人民生活水平显著提高,工业从无到有,农业从最初简单的粮食作物为主发展到现在粮经并重的高效立体农业,近年来更是结合地方特色,逐渐开发出了红色文化资源,将红色旅游作为经济的新增长点。

（二）文化发展

文化上,金砂大力发展教育事业,1992年中小学招生122人,小学入学率达到99.75%,毕业率达到100%。乡党委政府大力鼓励支持在乡间开展各类培训班、科技讲座。在1992年金砂乡还建立了电视卫星地面接收站,有限广播也实现了村村覆盖。[①] 截至2000年,金砂教育教学改革卓有成效,深入推进素质教育,教学质量不断提高,投入资金对秀山基点村小学兴建新教学楼,对卓坑小学教学楼进行全面维修。并且到2000年,已经彻底实现了全乡电视广播村村通的覆盖,尤其是对深处山中地势偏僻的革命老村上金、秀山等地进行了光缆和移动站点的铺设。[②] 2000—2005年,金砂进一步推进文化建设,乡文化技术学校举办各类培训班138期,科技讲座52次,培训人次达到5800人次。同时进一步加大基础教育投入,通过撤并校点,整合教育资源,全面普及九年义务教育,中小学在校生总数达到712人,适龄儿童入学率达到99.9%,教育教学质量也得到稳步提高。2003年,在金砂乡贤范永荣的鼎力支

---

① 永定县地方志编纂委员会编:《永定县年鉴(1988—1992)》,龙岩1996年印,第152～154页。

② 永定县地方志编纂委员会编:《永定县年鉴(2000)》,龙岩2000年印,第185～186页。

持下，金砂设立的金砂乡教育讲学基金会，筹集资金6万余元，助力金砂教育事业的发展。在2005年4月，记录金砂人民在革命战争年代英雄事迹，缅怀和褒扬战争年代不怕牺牲，与敌人英勇抗争的革命先烈丰功伟绩的《金砂人民革命史》由龙岩市文化与出版局批准出版，成为金砂红色精神传承至今的代表。[①]

到2010年，金砂乡除了进一步推进基础教育工作发展，狠抓教育教学质量，整合教育资源，提升学生素质，还大力发展民间科普工作和成人教育，获得了"第十届市级文明乡镇""第二届市级科普先进乡"光荣称号。2005—2010年是金砂大力开发和传承红色文化、弘扬革命精神的几年，乡贤罗福初先生精心编纂的记录金砂人民在战争年代与和平建设年代突出贡献的《金砂之光》一书出版发行。金砂乡自2007年开始，对境内红色革命旧址如永定暴动遗址金古寺、张鼎丞故居等进行全面修缮。2008年，由龙岩市委、市政府主办，永定县委、县政府承办的"永定暴动"80周年暨张鼎丞110周年诞辰系列纪念活动在金砂举行。2010年，先后接待原国家副主席曾庆红，最高人民检察院检察长曹建明等中央、省、市领导视察、调研，进一步扩大了金砂红色文化的影响力。[②]截至2017年，金砂乡一方面狠抓基础教育工作，在基础教育层面，积极发挥乡教育发展协会作用，发放助学金，奖励优秀教师学生，提高办学质量。另一方面利用自身优势大力发展红色文化，传承革命精神，将文化建设与经济建设相结合，利用特色文化发展地方经济，利用经济发展反哺文化建设，几年间，金砂乡完成金砂公学（永定县委旧址）、邹公庙文物保护单位申报省级文保单位以及张鼎丞故居、张元培故居、范阳春故居申报县级文物保护单位的宣传文本制作，目前，金砂公学、邹公庙已列入省级文物保护单位，张鼎丞故居已列入县级文物保护单位。金砂乡还加大了与上级有关部门的沟通对接，主动与永定区财政、党史、文物、发改、旅游、海发集团、文旅集

---

① 永定县地方志编纂委员会编：《永定县年鉴（2001—2005）》，方志出版社2007年版，第349～350页。

② 永定县地方志编纂委员会编：《永定县年鉴（2006—2010）》，中国文化出版社2012年版，第445～447页；同时参考金砂乡2010年政府工作报告。

团等单位联系，寻求项目和资金对接，利用红色文化推进地方经济发展。金砂乡对民间文体事业的发展同样大力支持，进一步深化文明村镇、文明单位等群众性精神文明创建活动，不断提升整体创建水平，积极参加区文艺会演，选送的节目《少年英雄张锦辉》荣获全区"厚德永定"春节文艺会演一等奖；参加了第六届"龙湖杯"篮球赛并荣获第四名，成功举办了第四届"红土杯"村际篮球赛。可以说，改革开放以来，金砂乡的文化事业，从最初的单一落后到现在的百花齐放，从基础的中小学教育扩展到全民教育，从知识普及到文体并重，并且能够充分发挥地方特色、区位优势，大力发展和弘扬红色文化，走出了一条有地方特色的文化建设之路。

《金砂之光》作者罗福初先生访谈

（三）社会发展

在社会领域，金砂乡也取得了巨大的建设成就，无论是公共卫生还是基础设施建设，在改革开放以来，都取得了质的飞跃。1992年，金砂全乡就实现了村村可通汽车，建立了一个乡卫生院和六个村卫生所，全乡共计有 13 名卫生员。[①]到 2000 年，全乡已经建立起农村三级卫生网络，拆除了旧的卫生业务用房，重建了卫生院的门诊大楼。同时完成了对金砂集镇从无到有，从小到大的建设，建成了长 315 米、宽 14.6 米的主街道。以乡政府为中心的各项配套机构也建设起来。[②]到 2005 年，全乡 800 米集镇大街已经全面铺设水泥路和架设路灯，各条通村公路全面硬化。2003 年，在金砂乡籍的原中国人民解放军少将赖金华和北京闽西老促会副会长鲁坚的鼎力帮助下，中华慈善总会向金砂乡卫生院捐赠了 29.8 万的医疗器械设备。[③]到 2010 年，金砂乡实现了通村、通乡公路的全面改造硬化，完成了金砂溪小河流域水土流失的综合治理项目；乡文化站卫生院门诊大楼等基础设施，还有各村农业水利设施都建设完成；乡村排水及污水处理工程也基本完成。近 3000 平方米的河滨农民休闲公园及配套健身器材，篮球场等都全面建设完成，极大地丰富了百姓的生活娱乐。[④]到 2017 年，进一步完善道路交通建设，完成了下金村小溪背桥的改造工程，卓坑村半坑段桥加固及赤竹村四联上李屋桥修复，樟塔一、二桥桥面铺设工程；实施了秀山至高源山 1 公里道路建设及高源山兵工厂至红军医院游步道建设；完成了上金村香园岭水库防汛公路建设工程；赤竹村岔口至大塘尾村道及金谷寺背至烈士陵园道路的铺设工作也基本完成。水利设施建设进一步加大投入，投资 9.6 万元的实施赤竹中村水渠工程。电力、通信等基础设施建设继续发展，农村电网改造不断推进。卫生事业也有出色成绩，积极投入资金购置乡卫生院办公电脑等设备，完善新农合报销机制，进一步做好医疗服务工作。[⑤]

　　改革开放以来，金砂乡在乡党委政府领导下，在上级机关的关怀下，全乡

---

① 永定县地方志编纂委员会编：《永定县年鉴（1988—1992）》，龙岩 1996 年印，第 152～154 页。

② 永定县地方志编纂委员会编：《永定县年鉴（2000）》，龙岩 2000 年印，第 185～186 页。

③ 永定县地方志编纂委员会编：《永定县年鉴（2001—2005）》，方志出版社 2007 年版，第 349～350 页。

④ 永定县地方志编纂委员会编：《永定县年鉴（2006—2010）》，中国文化出版社 2012 年版，第 445～447 页；同时参考金砂乡 2010 年政府工作报告。

⑤ 金砂乡政府 2017 年政府工作报告。

人民共同努力，艰苦奋斗，继承革命先辈吃苦耐劳、不怕困难的光荣传统，实现了经济、文化、社会等领域的全面发展、全面提高，人民生活水平有了质的改善。曾经革命老区的红色精神与文化和新时代艰苦努力奋斗的拼搏精神融为一体，在今天仍旧发挥着巨大而朴实的作用！在未来，金砂人民将继续发扬传统，为革命老区的美好明天奋斗不息！

四、结语

土地革命时期，永定县金砂乡的红色精神主要体现在永定暴动武装斗争时喷洒的热血，表现于红色交通线交通员不顾自身苦痛甚至献出生命也要完成任务的信念。新中国成立以后，土地改革使得农民都拥有了自己的土地，在回乡军人安置、烈士追恤问题上，地方政府也给予大力支持和援助，后来的革命基点村的评定使得当地百姓更加珍视这份精神财富。改革开放以后，当地党和政府政府坚持以经济发展为中心，努力带领老区人民发家致富。在步入新世纪以后，金砂地区的红色基因和革命精神依然在传承，同时还被不断赋予新的时代内涵。

档案中的金砂先烈谢仁皆

张 凯 朱婷婷 贾丽娜

1936年,全面抗战爆发前夕,国家动荡,人心惶惶,面对风云变幻的局势,各方人物粉墨登场,纷纷行动起来,或保家,或卫国,或苟且偷生,或视死如归。这一年新年刚过,在永定县金寨乡,当时的政府拿获了所谓匪军连长谢仁皆,把一支队伍消灭殆尽。我们重新翻开当时审判谢仁皆的案卷,还原历史场景,重现那个年代的审判程序,以供借鉴和思考。

一、档案原文概要

本文详细记录了1935—1936年间关于谢仁皆等"匪犯"被保安第一中队抓获过程以及被捕后的审讯过程以及审讯结果。

案件主要人物谢仁皆,金沙卓坑源人。充任匪党在金寨乡(即小埠寨)山上工作,藏匿枪支弹药,迭任伪游击队副队长及伪抗日大队连长等职,与队长刘开三、主席丘启清、文盛区主席郑完喜、秘书赖成华等人率领抗日大队掠夺当地富裕人家和粮食钱财。

据"匪犯"谢仁皆口供,该人于1934年捉社党时被陈茂辉扣留,而后当起了"土匪",不能早出来投诚。根据审判的询问笔录,审讯问题主要从以下几个方面入手:介绍同伙以及窝点情况、具体行程以及作案过程、具体案件核实情况、相关人员的信息以及分工。

对谢仁皆的审讯结果在档案中有明确记录:查第一中队解案之"匪犯"

谢仁皆一名，讯供后，对于所获物证概不承认为其所有，惟供其抗日大队队长赖德华、有弟赖秉华已向政府投诚，外间所有消息均由其一人传递云云。又罗达芬投诚后只缴长枪一支，仍藏曲尺一枝未缴，其余所讯情形，不过谓彼因带花，在该处休养，实非匪部连长云，故本寨一时尚未明了，该候丘佩赠结案讯明后方可裁判，惟赖秉华"自新"后仍敢为"匪"传递消息，罗达芬处匿枪不报，殊属可恶，拟请密令缉案严惩并将该保甲长等应负连带责任。至于凉伞洞住民邬义芳叔侄为"匪"接济米粮，在所当究，又严坑白沙灵璧上尚有一位三四十岁的男人亦时常为"匪"通递消息，罪亦难辞。从记录中我们可以看出审讯人员对谢仁皆的表现颇为不满，认为他所讯供词仍图遁饰，有所遮掩，刁狡圆滑。

对谢仁皆的判决结果在档案中记录如下：本案被告迭任"匪党"重要工作，扰乱治安已有年数迈，近在罗围地方抵抗民国，以致头部受伤休养（据档案记录：报告二十五年一月十一日于监狱所事由查在押"匪犯"谢仁皆入狱时察其脑后枪伤一处，团圆八分，脊背枪伤一处，子弹由皮穿出，昨日发热作痛，随即请西医调治。据医生云子弹未出。查该犯于一月八日系第一中队呈送之犯，合将受伤并调治情形谨此报告）。查去年四月十三日桐树陈建华之家属告被告□队杀害，迭经追捕，按法义获，顽固受伤休养于金寨深林之内，当场由保安第一中队搜获枪支即信手榴弹及宣传文件，物证彰其年末扰乱治安情形，后经供证不伟（讳），自属罪恶昭著，法□不宥，挟其□为，除肉票二名解送原籍发落外，合依危害民国紧急治罪法第一条第一款及第十条，刑法第三十七条第一项、第三十八条第一项第一二两款第二项之规定，特务判决为主反。

此外，"匪犯"谢仁皆在审讯期间最终承认犯罪，供认犯罪目的。据原档案记录：被告谢仁皆既已供认投入"赤匪"充当抗日大队连长职与民团于罗围地方对抗，头部受伤并杀死桐树坪豪绅及立日韩七人不讳，并当场搜获被护人谢鼎芳，李德兴二名，及枪弹手榴弹伪邮票并各种条印文薄等件，实已供证确凿，原判认为以危害民国为目的。

档案中的记录还有两名肉票的笔录。根据肉票李德兴、谢鼎芳的口供记录，两人告诉承审人员自身家庭基本情况等信息、被掠后在抗日大队（伪独立营）经历、自己对"土匪"据点的了解，知无不言态度诚恳积极配合工作。

其中，李德兴年七十三，家住上杭杨梅洞务农，其子衣锦还乡归来官田联甲乡当保长，土匪听闻后便只捉拿其一人，鸡鸭等件不计。谢鼎芳年六十七，家住上杭东城门，以撑邮政船谋生。加上此二人共有六人被捉去，务义坪伊人被打死，永属三坝人已经赎回。此二人无钱便仍在该处。

经审讯后对谢鼎芳、李德兴二人的处理结果在档案中的记录如下：据本府保安第一中队长范寅于本月二日在金寨乡之小阜矶破获伪文盛区苏及河南游击队，拿获独立营连长谢仁皆等二名，救出肉票谢鼎芳、李德兴二名，呈解到府，据此提讯后，据谢鼎芳、李德兴二名供称，系上杭人，理合解回原籍县府发落，相应填批派警解。

完成对相关人员的审讯之后，行政专员公署发布布告。布告内容在原档案中记录如下：案据保安第一中队长范寅解送独立营连长谢仁皆一名到府，业经提庭侦讯据供称系金沙卓坑源人，充任"匪党"工作，迭任特击副队长及抗日大队连长等职，与民团相打于罗围地方，因头部受伤即到大埔乡金寨深林内休养，乃被保安第一中队长拘获并当场搜出驳壳一枝、步枪二枝、曲尺一枝、手榴弹二枚、印信宣传品等件及肉票二名等，语不讳实属罪无可逭，并经依法判处死刑呈送福建省第六区行政督察专员公署复核旋经转呈福建省第六区行政督察专员公署军字第八五七号训令转奉。国民政府军事委员会法字第四八〇五号指令：准予判处死刑执行具报等。因计获还原卷一宗，证物一包，奉此，遵于本月九日上午十时，监提该犯谢仁皆一名到场庭，验明正身，押赴东门外刑场执行枪决，以昭炯戒，除呈报外合行布告通知。

虽然在布告中已经明确显示对"罪犯"谢仁皆执行死刑的处理，不过在档案中同时也记录了对谢仁皆请求酌情减刑文字，具状人谢太祥谨呈永定县县长何震呈文内容如下：自"匪乱"以来民不聊生备尝痛苦，乡民大多是以被胁迫为"匪"者，俱先后归来自新事缘民乡。谢仁皆一名因尚被迫在独立营工作早经离开附近是以未回，前经保安第一中队缉获送县在案，罪固不赦。唯据金沙仓下,在独立营回来"自新"。"匪兵"赖汉香声称谢仁皆于被俘数日前已下决心拖枪投诚,受伤后并坚决留伊(赖汉香)服待准备逃回等语,不料于翌日又为保安队破获,受枪伤因而被俘,于此足见心已回头,情实可怜、可悯,素念钧长宽大为怀对于被俘"匪兵"当可酌情减轻一等,为此民等迫得联名签叩。

这其中就隐含了一个问题,为何身为"匪犯"的谢仁皆会得到请求减刑的联名签叩呢? 或者说谢仁皆率领的抗日大队实际上得到不少群众的认可,案件是否又真的像审讯结果显示的那样,此人与同伙以危害民国为目的实施抢劫犯罪还是另有隐情呢? 我们会在后续的内容中分析这一问题。

此外,在案卷第三十四号明确记录着对于承审专员对判决书等文稿的书写要求,原文内容如下:两条之规定办理所有呈核判决书正本,尤须善写正楷,勿得草率。承办人员亦续签名盖章,不得以印刷或复写方法代之,此次该县呈送判决正本辄用油印之件,该县长承审亦未正式签名盖章殊□草率惟案关判决匪犯要件,姑予照转,仍予该县长及该承审以申斥示儆,并印知照。已然是正规化制度化的一种表现。

二、档案分析

(一)档案背景

这份档案记载的是1936年1月6日发生在当地金寨乡的一次剿"匪"大队清除以谢仁皆为首的"匪"患并救出人质的经过及之后的审判和判决。当时国内局势动荡,内忧外患并存,百姓生活艰难,人心惶惶。民间自发形成了一些组织或团体,他们可能是独立的或与中共中央有联系的抗日组织,也可能是为自保而形成的所谓"土匪"组织。这些行为在国民党政府当局看来是危害民国的违法行为,应该加以遏制和惩罚。

（二）档案原文解析

1. 涉案人物分析

本次危害民国案的主要人物有谢仁皆（"伪独立营"连长）、丘佩赠（"伪独立营"支部书记）、郑完喜（"伪文盛区苏"副主席兼肃反委员）、谢鼎芳及李德兴（被解救的人质）。

谢仁皆24岁，家在永定县金沙乡卓坑源。1935年年底，谢仁皆在罗围被当地某组织围攻受伤逃至寮内养伤，被组织内部人员出卖情报给政府。第二年1月6日接近春节时，政府派范寅带队"由务义坪出发，经九坑乡大皁至金寨乡之小皁矶，当于该村背后山寨，破获伪文盛区苏及河南游击队，拿获伪独立营连长谢仁皆、支部书记丘佩赠二名，击毙伪区苏副主席兼肃反委员郑完喜、队兵赖成华等四名，伤匪数名，救出肉票谢鼎芳、李德兴二名"。归案后，政府审判部门对相关人员做了笔录和审判。13天后，1月19日，永定县政府临时法庭以危害民国，扰乱治安罪名将谢仁皆处以死刑，褫夺权益终身，执行枪决。

2. 案件真相分析

《永定县志》第三十八卷"人物"第三章"英名录"中"金砂乡"部分有一位烈士"谢仁阶"[①]，虽然与档案中"谢仁皆"名字写法有异，笔者认为，根据时间地点以及遇害前后概述，二者为同一人，此案中的"谢仁皆"在几十年后被追认为革命烈士，其名字在编写入县志时有所误写，或者档案有误。

由此可见，谢仁皆当时参加的组织或许是当地民间的一个秘密独立革命团体，或者是抗日分支，总之都是为了反对当时国民党政府的统治。这是一支由百姓自发组织起来的小队，在民间秘密活动，抢劫一些豪门大户或者政府部门以筹集经费来购买装备，被当地政府认为是不良民众，扰乱治安，不断受到压制。在被内部人员出卖以后，整个组织被剿灭，首领谢仁皆等被捕处以死刑，英勇牺牲，其他幸存者四下逃散。

---

① 张定雄等：《永定县志》，中国科学技术出版社1994年版，第1095页。

三、结语

　　谢仁皆的案件只是国民党政府时期民间组织的一个缩影,在那个民不聊生的黑暗年代,政府腐败,外来侵略不断,百姓生活惨淡,于是出现了许许多多或保家或卫国的民间组织。笔者认为这些人虽然实力单薄,力量弱小,受到重重打击,但是仍坚持"国家兴亡,匹夫有责"的古训,在国家风雨飘摇之际奉献自己的青春甚至生命保家卫国,个人的力量虽小,却能汇聚成时代的洪流,而他们的精神也成为革命成功、实现民族解放、走向中华民族伟大复兴的力量源泉。

　　从鸦片战争爆发到新中国成立，在这一百余年的时间里，近代中国长期处于战乱纷争、社会发展极为不稳定的状况之下，而这也使得近代中国在经济、政治、文化等方面的发展都较为缓慢，甚至部分处于停滞状态。经济、政治的相对落后对于文教事业的发展具有重要的影响。经费紧张、物价飞涨、土匪横行等，使得学校教员调动、请辞较为频繁，学校发展困难。尽管教育环境较为复杂艰难，永定县在教育方面仍较为重视，在乡镇等地纷纷创办"教育会"，对于地方教育发展产生了一定的积极影响。学校刊物、地方报刊的发展也在一定程度上反映了当时永定县教育事业的发展情况，对于我们进一步了解、研究永定的教育发展具有重要的参考价值。

永定县中小学校教员调动的档案解读

吴妙玲　林　丹

本次暑期实践我们来到了龙岩市永定区档案馆,在对档案进行扫描、拍摄、整理的过程中,我们对其中的《永定县政府各学校教员调动的通知(1940年度)》这份档案产生了浓厚的兴趣。本文通过对该档案的整理、录入,加之其他一些相关历史资料的收集整理,探寻当时永定各学校教员调动相对频繁的原因,并对当时永定的教育情况做一个大体的分析。

一、1940 年度永定县政府各学校教员调动情况

《永定县政府各学校教员调动的通知(1940年度)》主要是将在这一年中永定县各学校教员调动的通知整编在一起,共有 96 页。通过对该档案的整理、录入,我们可以大体上归纳各学校教员调动的情况。

(一)委任

在这一种调动情况中,主要涉及的对象有三类。第一类是对于福建省立师范及简易师范学校毕业生的分配委任,师范类学校毕业生是永定县教员队伍的一个重要后备军。如福建省立龙岩简易师范毕业学生陈道明向县长恳请分派工作,"福建省教育厅师字第三○号通知书开:查核该生业经派定在峰市区服务,着于八月十五日以前前往峰市区报到听候分派工作,特此通知;奉此,查峰市原为特区,自今春奉令归辖永定,为此,理合备呈向钧府报到。恳请分派工作,实为公便"。第二类是自主申请委派的曾经担任过教员的人士,

如"窃民于民国十三年在上杭旧制中学毕业，二十五年充任本校石杰乡鼎新初级小学校长兼教员三年，并经省府检定合格初小正教员，去年秋已往湖南经商，因无生活可找，于本年春买舟返乡，无善可述，现拟厕身教界，为此具呈。钧长察核恳即委派为某校教员以便教学实为德便"。该档案主要是讲述洪山乡石杰保公民刘虎文曾担任教员，外出经商无生活可找，回乡后呈文请求委派为某校教员，后县长批示委派。第三类是针对区、乡、保或学校向县政府提出的特定委派要求的委任。如永定县第三区乡校长廖文仿向上恳请委派教员，"窃职自前期奉委校长一职以来，自叹学识浅小，能力薄弱，上无能应上峰之殷望，下无能济民众之需求，致使惶恐终日。今复蒙派回原校服务，益增惶恐之心。尝思民校所负使命之大，责任之重，一人掌理全校事务，虽竭尽其力，终因智能薄弱，难以发挥工作效能。职再三思虑，为此特行备文前来恳请钧长察核。乞准另调中心学校供任，教员遗缺另派智能体富者充。俾得以进修学识，增强能力，以利教育前途，并乞示祗遵实为公便"。

（二）调派、改派

调派、改派是在调动情况中最为频繁出现的一种。一方面，包括因个人原因申请获准的调派、改派，如改派回桑梓服务、调回原校服务等。例如永定县第二区仁爱乡乡长熊汀澜上交县长的申请报告："窃查本乡住民熊耀洲系龙岩简师三年高才生，因环境关系闻不能即行回校毕业但派回本县服务民校工作，闻其颇有成绩，是以本乡各界拟聘他为中心学校教员兼教导主任，以维校务，为此理合备文呈恳"，恳请县长将其乡住民熊耀洲调回本乡学校服务。以及永定县政府第五区署长关于改派学员的通知"学员原任洪山中心学校教员，前期奉令赴岩调训，现已期满由县分派为峰河国民学校教员，因红山中心学校缺一教员难于物色，请转呈准改派回原校服务，实为公便"等等内容都是关于调回原校服务的申请或者通知。此外，还有例如福建省立龙岩简易师范学校本期毕业生张善煌向县长申请改派回桑梓服务，"惟县立四维中心学校（原名北山小学）下期人员缺乏，不敷分配，本原籍永定，世居北山乡，今乡中父老，坚要在桑梓服务，义无可辞，惟有恳请钧长察核，准予通融转派桑梓服务，坎小遗职，请另调他人补充，区区愚忱，俯乞俯允，临颖迫切，不胜待命之至"！

另一方面，县政府出于发展教育与维持校务需要进行的调派、改派，如原定教员未按时报到而改派他人接充。

（三）请辞

档案中呈现的主要是校长呈请辞职的内容。请辞的原因集中于身体因素与经济因素两个方面。身体因素即患病致难以胜任校务，经济因素即工资问题，如待遇难以度日、生活无法维持不得不往外谋生等。如永定县第二区县立堂三中心学校校长黄国香向县长请辞，"钧府律未冬教字第九九零零号指令内开：令第二区县立堂三中心学校校长黄国香，二十九年七月十五日呈一件，呈准辞职请察核示遵由，呈悉仰认真办理，贞固校务，毋得因难萌退，遽失风人率物之旨，所请辞因勿庸议，此令，等因，奉此职谨应遵令，无敢再辞，情因近来生活太高，粮食日贵，前日沈如梅乡长寄来聘约不过区区百元之数，供膳一应在内按月计算十六元零而已。如此待遇，虽极节缩，何以度日？随将聘约交还，且堂堡人才尚多，职学识浅陋，滥竽其间，诸多不便，刻将永定县第二区县立堂三中心学校印一颗并条印一个移交沈如梅乡长收存，不得已再为呈请"。另外，还有因受匪扰而无法继续主持校务而请辞的情况。如苦竹中心学校校长苏慎修因受匪所扰恳准辞职另委苏筱眉接任，"窃职接办苦竹小学，历时四载，虽乏卓越之成绩，尚幸赓绩而不辍，本当继续努力，勉尽国民天职，不意春间本乡横遭匪扰同族附和，大有其人，逐令安静乡邦，顿成狼鼠当道之区，最近经蒙政府派军镇压，表像安宁，究属野性未驯，盗纫时闻，而彼辈居心，目标显露，前此本房苏乃榜之被暗杀灭尸"。"钧长俯念苦衷，惟予辞去苦行小学校长一职，另委现任本校事务主任苏筱眉接理，个人幸甚教育幸甚。"但查看时任县长俞鸣鹤的批示，发现只有少数请辞获得了批准。

(四)免职

针对抏辞职守、能力不足的校长，县政府下达免职的指令，并派他人接充以保证学校各项事务的正常进行。

二、关于调动原因的具体分析

从 1940 年度永定县政府发布的委令、训令以及教员个人呈请的文书来看，各学校教员的调动原因复杂多样，既有个人主观的愿望，也有县政府考察后的决定；既涉及个人层面，也涉及社会层面。对其进行分析总结，有以下几个方面：

(一)永定县经济状态的影响

由于所处的地理环境，永定县的经济发展相当受限，而一个地区的经济状态直接影响到该地区的教育，《永定县政府各学校教员调动的通知(1940 年度)》这份档案，也体现出了永定地区经济状态对于学校教育的影响。一方面，经济状态与教员工资密切相关，而在教员调动的过程中，工资待遇处于一个非常关键的地位，关系着教员任教的意愿。如原任洪山中心学校教员廖耀寰，上交教育科长的档案中写道："令省立龙岩简易师范简易班毕业生廖耀寰兹分发该员以本县第五区县立峰河国民学校教员任用，支月薪拾捌元处分外，合行令仰遵照，克日前往报到为要！此令。等因：奉此本应遵即前往报到，缘职原任洪山中心学校教员，上期奉特区区长王面谕调训，职当时再三推出，因家庭生活不能解决，但承极力推荐，无奈遵令受训，职当时亦认为此次政府调训，将来职分定高一级，不晓现政府应用何种规律反为降级，且生活费个人都不能解决，家庭又赖何人维持呢？况职原居洪山乡达市保，计离峰镇三十余里，兹秉承该校校长刘朗秋面称洪山校现仍缺教员二人，恳职请县府准予调派原校服务外理合备文呈请。"该档案显示，省立龙岩简易师范简易班毕业生廖耀寰原任洪山中心学校教员，认为政府调训后其反为降级，无法解决生活费，因而呈文请求调回原校。此外，亦有校长因生活太高，粮食日贵，但待遇却难以度日而两度请求辞去职务，或因百物昂贵，一家数口生活无法维持，不得不往外谋生，而提出辞职。如永定县第二区县立堂三中心学校校长黄国香向永定县县长再次请辞的档案中显示的："因近来生活太高，粮食日贵，前日沈如梅乡长寄来聘约不过区区百元之数，供膳一应在内按月计算十六元零而已，如此待遇，虽极节缩，何以度日？随将聘约交还，且堂堡人才尚多，职学识浅陋，滥竽其间，诸多不便，刻将永定县第二区县立堂三中心学校印一颗并条印一个移交沈如梅乡长收存，不得已再为呈请。"

另一方面，在学校的建设发展过程中，地区的经济状态对于学校发展具有重大影响力，尤其在学校经费方面，进而波及其教员。如朱庄国民学校校长呈文所示，"本校经费向由土地税附加及热心教育者，随心捐助，最近以米贵如珠、民食无法解决，且本年秋收不丰"，在这种情况下民间与热心地方教育者难以自顾，因而学校经费困难，无续办之方法。此外，教员的工资也是少发数十元，且由校长设法垫付，但校长也无力再继续发放，况且当时民心涣散，民食又告恐慌，不得已校长宣告停办学校。我们可以看到学校一经受到影响，任教教员也必然会有所调动。尽管我们在其后的档案中也发现数份关于补助学校教员经费、月薪的通知，仍是无法满足学校以及教职员工的日常需要。而这其实与当时的中国所处的历史大背景有很大的关系，1940 年的中国仍处于全民族抗日战争时期，整个人力、物力、财力主要是用于抗战，教育经费逐年下降，从 1937 年到 1947 年，教育经费由占地方财政支出的 41% 降到 13%。战争对于永定县乃至全国的经济都起到了致命的打击，物价飞涨、货币贬值，教育经费在当时仅是"杯水车薪"，因此，校长、教员中请辞的人比比皆是。

（二）永定县教育发展的需要

根据《永定县志》记载，"民国二十八年冬，中央颁布县各级组织纲要及其实施办法后，本省即于二十九年起实施地方自治，遵照中央规定在五年内每乡镇设一中心学校，每保设一国民学校，本县于二十九年二月起开始改制，将普通小学及战时国民学校改办中心学校或国民学校。"①《永定县志》中还提及了具体的学部设置。可以说，民国二十九年（1940年）对于永定县学校教育而言是一个比较特别的年份，对县区教育进行了一次大变动，学校增设、改制及其学部设置的变化因而导致了教员较为频繁的调动。另外，随着学校的运行，学生数量日益增多且校务愈加繁忙，学校对于教员的需求就越大，如档案显示"窃属校等位居交通要地，社会工作繁忙，而学生人数又比他校为多，若不设置科任分担教学，对于管教诸多窒碍，校务亦虽冀其有所进展，为此迫得签请钧长俯念特别情形，赐准城厢道南湖雷坎市等四校仍各再设置科任一人，实为公德两便"，永定县第一区县立城厢中心学校校长、第一区镇立道南中心学校校长、第二区县立湖雷中心学校校长及第四区县立坎市中心学校校长曾联名呈文要求各再设置科任一人，县长批示准予。我们可以看到由于各个方面的原因，学校教员的调动、请辞是较为频繁的，尤其是请辞方面的请求，有的向上恳请辞职，有的干脆就不来学校报到，这造成当时许多所学校教职员工的严重缺乏。同时，为追求教育质量，教育工作者的优胜劣汰又是必要的，对于能力不足、履职不合格的教员、校长，县政府采取了免职措施。尽管教职员工缺乏严重，但是县政府对于教职人员的委任也是较为慎重的，大部分教员都是师范类的学校毕业生，成绩良好。而对于校长的委派也大都是以学识渊博、经验丰富者为主。如档案永定县第三区县立东岐中心学校总务主任兼代校务陈焕文向县长恳请委派前校长接任，"当经各保甲长暨士绅等，公举请李前校长伟卿复出维持，查李伟卿确系本县教育大家，学识兼优，经验丰富，堪称厥任，职为求学校永久计。"

（三）医疗卫生、治安管理方面相对欠缺

一方面，永定县受地理位置、经济发展状况等方面的影响，其医疗卫生方面较为落后，而这也是导致教员调动的原因之一。如永定第四区县中心学校校长林振梁向县长请辞的档案中显示："惟职自上月患病以来因处偏僻乡村，

① 徐元龙等：(民国)《永定县志》卷一三《教育志》，厦门大学出版社2015年版，第615页。

既无良好医师，复乏优良药品，以致缠绵辗转，新疾未愈，旧病复发。近日困顿床褥，精神意觉不支，实属未能远行，再四思维，惟有恳请展缓往县受考，俾得从容调治。窃思抗战时期基层教育至关重要，职体弱多病，难胜繁剧，并恳准予辞去校长一职，迅赐遴员接充以重校务，奉令前因理合备文，呈请钧长察核，俯赐照准并乞指令祗遵。"永定县许多学校所处位置较为偏远，多为偏僻的乡村，交通不便，其医疗水平也是较为落后的，生理上和心理上的双重压力给许多教职人员带来严重的影响。

另一方面，治安管理方面的不健全也在教员的频繁调动中起了一定的作用。在当时，土匪在永定有绝大的势力，匪首与豪绅有密切的联系，各乡各村各区，都形成一种土匪与豪绅相勾结的政权。永定土匪的数量是惊人的，坎市、抚溪两区的人口不下三四万，土匪占了大半。尽管国民党、共产党先后都对其进行剿灭，仍无法根除，在当时永定县仍活跃着较多的土匪，给人们的生活生命安全造成极大的威胁。档案中苦竹中心学校校长苏慎修上交县长的请辞中就写道："本乡横遭匪扰同族附和，大有其人，逐令安静乡邦，顿成狼鼠当道之区，最近经蒙政府派军镇压，表像安宁，究属野性未驯，盗纫时闻，而彼辈居心，目标显露，前此本房苏乃榜之被暗杀灭尸。"土匪打劫抢掠，治安、管理较为混乱，人身安全、生活受到威胁，致使一些教员选择请辞、调派。

三、结语

1940年度永定县政府各学校教职员工出现了较为频繁的调动，包括县政府委任、调派改派、请辞、免职等多种情况。循其缘由，可以发现永定县的经济状态对于学校教育的作用力以及永定县教育发展本身的需要在教员调动中承担了重要角色，而医疗卫生、治安管理等方面也是影响调动的重要原因。通过对该档案的整理、录入，我们发现经济状况是影响学校教职员工调动的重要乃至首要的原因。在这些请辞的档案中，几乎所有请辞中都提到经济方面的问题，如月薪较低无法承担家庭日常的开销、工资发放较迟或者较少甚至无法发放以及许多学校校长个人垫付职员工资等情况，教育经费支出下降、人不敷出情况严重、物价飞涨等等都直接或间接影响教职员工的生活，导致许多人只能纷纷转业，另谋养家出路。而医疗卫生、治安管理也可以说是由经济状况所决定的，经济条件较差的地区，其医疗卫生水平、治安管理方面也会相应较差。归根结底，经济是影响乃至决定教职员工请辞的重要因素所在。此外，我们看到，对于教员的委派，县政府较为重视，而这对志愿的调派具有一定影响，学识渊博、经验丰富是首要的条件。绝大多数教员也是出自师范类学校，业务能力较好。

通过对该档案的分析，我们可以看到1940年永定县面临的一个教育困境：经济发展乏力，教育经费方面较为紧张，教职人员工资较低；医疗卫生、治安管理较差，给教职人员的生命安全造成了不小的威胁；学生人数较多，学校教务较为繁重，但相关教职人员缺乏严重，许多学校出现开学教职员工未报到的情况，对于教职员工的管理较为松散，不能很好地掌握他们的动态。

20世纪三四十年代福建省永定县教育会探析

温金山　刘铭东

2018年7月15—22日间,我们在福建省龙岩市永定区进行了为期7天的实践调研与实地考察,浏览了永定区大量的宝贵档案,对于当地在20世纪30—40年代的革命期间及共和国成立前夕的政策制度、生活面貌和风土人情有了一定的了解。在阅读档案的过程中,我们注意到了一些永定区即当时的永定县各乡镇对于教育会的创办与实行的文件,包括永定县各乡镇教育会的章程和报告表,并对此产生了浓厚的兴趣。因此,我们决定从这些文件中找寻当年永定县教育会的基本概况和执行情况,对这些情况进行基本的分析与考察,从而探析永定县教育会的特点,探究教育会对于永定县教育事业的意义和贡献,并分析教育会存在着什么不足,以及各乡镇、各类群众之间对于教育会的关注度和教育事业的重视程度的差异。

一、永定县各乡镇教育会的章程及基本概况

永定县各乡镇教育会的基本概况大致体现于其章程之内。从堂溪、上丰、中丰和下金四地教育会章程来看,各地章程大同小异,均对教育会的入会条件、管理、职权和职责等内容进行了细致的规定。其概况如下:

想要成为会员得满足以下几个条件:首先得是未被剥夺公权、没有反革命行为且有行为能力的人民;其次要年满20周岁;最后也是最重要的是现在从事教育事业或曾经从事教育行业一年以上或写过关于教育方面的著作。只要有不符合以上任一条件者都不能入教育会。

满足以上条件后,入会有以下几个步骤:经两名会员介绍→填入会志愿书及调查表→经会员资格审查委员会审查合格→经本会理事会认可→缴纳入会费(每人每年一元)→领会员证。

成为会员后则应承担如下义务:遵守现行教育法令;服从本会章程及议决案;担任本会所指派的职务;不得加入非法团体。会员如果有违反以上规定,则会根据其情节轻重分别给予警告、停权、告发及除名等处分。如果会员因故没从事教育事业且不曾从事教育行业一年以上或无关于教育方面的著作,则应退会不得再享受会员的权利。对会员的监督方面还设有相关部门和告发制度,如果会员被发现或被告发(有确凿证据)有违反入会条件的第一条时,则对其除名。如受到除名处分,自受处分之日起,三年内不得加入为本会会员。

教育会的管理层由理事五人,候补理事二人,监事一人构成,这些管理员由会员大会用记名连选法选出,任期为一年,连选得连任。五名理事互选出一名常务理事,五名理事分别担任总务、组织、研究、调查及编辑五股的股长。每个职位都有明确的职权:常务理事需要执行理事会议决案、办理日常事务、督促各股所办事务、召集理事会议、任理事会主席。五名理事构成理事会,理事__对外代表本会、召集会员大会、执行会员大会议决案、选任常务理事、__章举行各项之事物、拟订各股办事细则、会员应受警告或停权__监事则负责稽核本会经费之出入、审核各种事业之推行状况,__员工作之勤惰及会员之言论行动。

__的重要决定都由会员大会决定,而会员大会分为定期会议和临时会议两种,均由理事会召集。定期会议每年举行一次,临时会议于理事会认为必要时或经会员五分之一以上请求时举行。会员大会的决议,以会员超过半数出席,出席会员超过半数同意方可通过。当要变更章程、会员除名、管理职员退职或清算人选任及关于清算事项的决议等事项时,则要会员过半数出席,会员三分之二以上同意才可施行。

以上的各种规定可以更好地完成设立教育会的目的以及教育会的任务:

关于地方教育研究设计及改进事项；关于增进人民生活上的指导事项；关于地方教育的调查统计及编纂事项；举办各项教育研究会，学术演讲会；举办各种教育事项，但须经监督机关核准；关于教育事项得建议于教育行政机关并答复行政机关的咨询；处理教育行政机关委办事项；办理其他符合教育会宗旨的事项；接受上级教育会委托事项。从而发展地方教育，促进社会文化的发展。

二、各乡镇教育会的报告表内容

报告表主要包括团体名称、设立时间和地点、设立宗旨、会员人数、职员姓名和略历、经费及未来规划。

从湖雷镇、堂溪乡、上丰乡、下金乡和中丰乡五地的报告表来看，各地设立教育会宗旨都是联合教育界同仁情感研究教育事业，发展地方教育促进社会文化。而且都是以出版简报、设立阅报室来增加民众与外界的联系，从而达到提高民众文化水平的目的。其中湖雷镇、上丰乡、下金乡和中丰乡还打算设立球队来提高体育竞技水平。

上丰乡、下金乡和中丰乡三地的教育会都于1931年12月成立，而湖雷镇、堂溪乡的教育会于1932年才成立。湖雷镇教育会会员人数有73人，堂溪乡的有23人，上丰乡的有36人（女1人），下金乡的有80人（女9人），中丰乡的有29人（女2人）。从教育会成立日期和会员中的女性人数可以看出，上丰乡、下金乡和中丰乡三地的教育情况会比湖雷镇和堂溪乡稍好些。但从整体来看各教育会的女性人数都很少甚至没有，女性成员数最多且占比最高的为下金乡9人，占比仅为11.25%。

三、实践者观点和反映的社会现象

（一）观点

教育会制度的执行，有利于永定县各乡镇教育事业的组织与进行，有助于教育工作者解决在教育工作上的问题，有利于充分调动、利用和共享各乡镇教育资源。各地教育会章程第五章对于教育会任务有着详细的规定，如调查统计及编撰地方教育、研究设计和改进地方教育，增进人民生活的知识指导，举办各项教育研究会、学术讲演会，这对于各乡镇教育事业的组织和教育工作者的教育工作给予了便利，做出充分的支援。再如向教育行政机关建议并答复行政机关的教育咨询，接受并处理教育行政机关或上级教育会的委办事项，这使得各地教育会将以政府作为联结点有机统一起来，利于政府管理教育事业，充分利用地方教育资源。

但是，教育会也存在一些技术性问题。首先，教育会在各方面选举即表决事项上有欠妥之处，如"会员过半数之出席、出席会员过半数之同意"这条规定，即使有一些重要事项有特殊规定出现三分之二以上会员同意的情况，看似满足"少数服从多数"原则，实则算来有较大可能只需会员少数通过即可。同时，临时会议的召集条件也较为宽松，"会员五分之一以上请求"即可，从五份报告表来看，各教育会人数最少者只有23人，那么只需5人联合即可召开临时会议，不排除有5至7人结党营私以谋私利之可能，再考虑先前所述对"会员过半数之出席、出席会员过半数之同意"规定的质疑，那么该地教育会极有可能被少数不法之徒所掌控。另外，会员人数方面也多有异处，从五份报表中可以看出，就此五地而言，地方教育会会员人数最多者为80人，最少者仅为23人，五地极差高达57人，可见永定县各乡镇片区的教育质量和教育资源的差距之大。各地教育会的理事会成员也均为7至9人，其中拥有80名成员的下金乡教育会理事会仅7人，仅有23名成员的堂溪乡教育会理事会却有9人之多，可见各地教育会的管理和实际执行难度存在巨大差异，尤其是人数较多的下金乡教育会和胡雷镇教育会，其管理和执行难度相较于其他教育会更为困难，而总成员数较少的中丰乡教育会和堂溪乡教育会的理事会则显得较为臃肿，有可能导致人力资源浪费的不良后果。

（二）反映现象

从五地报告表当中可以得出，五地教育会的平均会员数为48.2人，以当时的社会背景来看，会员数量并不是少数，可见在20世纪30—40年代，福建省永定县民众对于教育事业的关注度并不低。多地成立球队，说明在当时的永定，人们已开始注重体育教育，将强身健体作为教育事业的一大内容，体现了当地教育事业的先进性。教育会章程在规定教育会任务时有提及"增进民众知识指导"，同时在实际工作上出版简报，设立阅报室，可见永定县教育工作并不只以学生为对象，也顾及了县内所有公民的受教育权利。

但是，由于当时的社会大环境依然处于落后状态，一些负面的现象不可避免地在教育会体现出来。例如，上面所述各地教育会人数的巨大差异，体现出各地的教育文化、教育资源和教育重视程度的差距极大，教育质量也必将体现影响，各地教育会实际落实程度和工作成果、工作质量和工作效率也反映出各地的贫富差距和文化水平差距较大。而且从报告表可以看出，男性会员占据了会员的几乎全部，女性会员很少，可见永定县当时不同性别的人群对教育事业的参与度之差别，造成这种现象出现的原因也可能是符合入会条件的受教育女性数量极少，这也体现出了在当时教育方面的男女不平等现象依然存在，女性受教育程度不足的现象没有得到应有的改善。

四、结语

永定县的教育会是中国近代到新中国成立初期地方教育事业发展的一次重要尝试，是中国共产党领导永定县人民革命及教育事业改革的重要基础，为新中国成立后永定县及现在的永定区的教育事业、教育文化的创造和发展积累了极为宝贵的经验。永定的教育会是近代人民教育观念进步的体现，同时其所具有的局限性和所反映出来的社会现象也让日后永定人民的教育事业和教育工作能够从中吸取教训。

永定私立侨育中学建校特点

——从《侨育校刊》出发

胡立柯 王璐瑾

　　永定私立侨育中学（以下简称"侨中"）是福建省永定县民国二十八年（1939 年）8 月由侨胞创办的学校，它在抗战中产生，背负着兴学救国的使命，在校董会的苦心经营、旅外人士的经济扶持以及学校全体师生的艰苦奋斗下，克服种种困难，在抗战的烽火中努力推行文化教育。学校经过三年的努力初步奠定基础，孕育已久的《侨育校刊》得以出版，《侨育校刊》主要分为报告、学术研究、学生习作以及补白四部分，本文通过《侨育校刊》，带领读者了解民国时期侨育中学的真实面目，并着重从其资金来源、教学和教育三个方面体现福建永定这一地区民国时期华侨办学的特点。

一、资金来源

　　资金是学校运作过程中不可或缺的血液，是学校创办、生存、发展的必要条件。从《侨育校刊》中可以看出，置身于抗日战争这一特殊背景下的侨育中学，在资金的筹备方面困难重重，同时由于物价高涨、校舍急待建设，学校也面临着巨大的开支，资金问题严重绊滞了学校前进的脚步。但在侨胞的维护和内地的支持下，学校开源节流，积极筹募捐款，一次次渡过难关，学校得以稳步发展。

　　侨育中学创办于 1939 年 8 月，创办的主要动力为华侨，当时的创办人对建校满怀期望，筹备不及一个月，侨育中学便草草成立，设备简陋，校舍和普通校具都是从当地小学借来。这一年学校经济困难，因筹备时间短，经费事前毫无准备,资金来源除学费收入,只能借债支撑,同时为筹备资金,校董会派代表赴南洋募捐。

1940年,校董会代表从南洋募捐归来,学校发展稍有起色,新校舍选定校址并举行奠基礼,但由于捐款尚未集中、物价高涨未能动工,同时学校立案表章也因基金未筹足而被批回,立案暂时耽搁。

1941年,学校经济仍未脱离困难处境,但获得了一笔数量可观的收入,该项资金包括校董事长捐助的20万元建筑费、校长捐助的参议员薪、苏门答腊捐建侨中委员会捐助的3000余元以及赴南洋代表汇回的两批捐款。学校筹足基金,11月学校奉准立案。

1942年,学校处于动摇期,太平洋战争爆发,学校主要的资金来源——华侨汇款被阻断,米价飞涨,生产建设又被暴徒摧毁,亏损20万元,校事几乎倾倒,幸得校董设法垫付。

1943年,班级、教职员减少,开支紧缩,代校长和校长出发至各处共募捐四五十万,每月将息寄来,省政府拨中央文化补助费1万元,旅省人士筹借米谷等,学校人事得以安定。

通过对侨育中学从创办到发刊这三四年间资金的筹备和花销情况的回顾,侨育中学的资金方面有以下特点:

1. 资金来源单一

学校资金除了储存基金,其余都是捐款。其中政府拨款只占极小的一部分,即1943年省政府拨下的1万元中央文化补助费,这也符合侨育中学私立学校的特点。捐款可分为华侨捐款和内地捐款,这两种捐款在不同时期所占的比重亦有所差别,主要是以太平洋战争为分割线,分为两期,第一期为学校创办至1941年,第二期为1942年至1943年。在第一期中,由于学校的创办由华侨倡导,经济也全靠华侨支持,华侨捐款占据捐款的绝大部分;在第二期中,太平洋战争爆发,华侨经济严重受挫,无力支持学校建设,同时华侨汇款亦受到政府限制,不易源源接济,华侨捐款大幅减少。侨育中学为谋出路,至大埔、赣州、柳州、重庆、南雄、桂林、贵阳等地募捐,从《本校续收捐款芳名》

中可以看出捐款重心已从南洋转至内地。

2.集中资金,实施造产

一般来说,学校资金不能用于投资,但当时的侨育中学处于抗战这一背景下,资金筹备困难,经济基础十分薄弱,为了学校得以发展,提出了造产开源的方法,即先设法把资金集中在一起,妥适分配管理,除部分作为建筑费用、设备费用,其余大胆放在生产事业上,"投资办合作社及农牧,实行造产,作永久不拔之业"。

二、教学方面

侨中虽然在资金筹备方面存在种种困难,但教学工作方面却十分严格与先进,并卓有成效。优良的教学工作不仅培养了"教重确实,学重自动"的学习氛围,而且提高学生素质,使得本校学生在全县的考试中能名列前茅,毕业生亦能够在教师甄别考试中一展风采。

所谓教重确实,就是每学期之教学进度,必须在开学初预定,放假时教完。假使有万不得已教不完者,须另增时间教完。而英语科更不能躐等,宁可教不完,不可不熟。第一学期这样做,第二学期也是这样做,教不完的科目减少了……所谓学重自动,这为本校教训之特殊作风,也为本校学生蓬勃有朝气之表现于学习方面的。证例详前,此处不赘。[①]

我们的学习,非常紧张,教过的功课,都要做笔记。师长虽然很忙碌,但每星期总要抽查一次。各班除了上正课外,还组织了国文、数学、英文等研究组。各组选出成绩较优的同学来指导,养成自动自学的精神。(《学校现状》第九班 卢龙辉)

在全县小学教师甄别考试中,本校毕业生在二百余名教师中考列十名前之一、三、七、九名。

侨中的教学工作之先进主要体现在以下几个方面:

---

① 王贯三:《侨中概况》,永定区档案馆,档案号 C84-3-2179。

1.教学理念

学校不仅注重学生自身学习的主动性，还重视教师和学校在教学工作上发挥的作用，摆脱了学生程度不好完全归咎于学生自身的错误观念，认为要想提高学生文化程度，应当先从教师做起。教师首先应学会自我反省，虚心反省才能对学生真正负责。其次是进修，时代是不断进步的，知识也日新月异，故步自封不仅对学生有害，对自己也有害。努力进修不仅能提高自身的水平，还对学生起鼓舞作用，激励其努力学习。通过教师在校刊上发表的一些文章，也可以看出他们在进修方面卓有成效，能够接受外来知识，认识到国内部分学科面临的困境，为该学科的发展途径浅略地提出自己的意见，也能就国文课本，提出校勘时未发现的谬误，供同学阅读时参考。

> 教学方面：其原则是提高学生程度其方法是关于教师的应反省和进修……所谓反省，则有每次假考后各班学生对于各科领受意见之统计。籍作教者之借镜。所谓进修，则有教师壁报之出版籍使教师由于发表而促起进修。①
> 中国地理学发展史是个巨大的课题，依我所知，中国似乎尚少是类著作，近年商务虽出版了一本关于这类的书，但我犹未购得，我所看到的只是些零星的记载，如现有的参考书梁启超著《中国近三百年学术史》，和世界版的一本中国地理（手头没有这本书，作者和书名都忘记了）其他即散见于各种著作……（三）中国地理学的发展，受西学的影响甚大，其中尤以治学的方法最为显著，中国治地理学的方法约有两端：一为见闻记录，一为依书考证。从地理书著作量看，后者多于前者，这些书严格说实不能称为"地理学"。自西洋缓慢地采用新的方法，从事地理学的研究，一般说中国今日的地理学研究，已对准着正确方向前进。②
> 中华版宋文翰先生编的新编初中国文课本，在目下各家出版的国文教科书中算是庸中之佼佼者，各地中学每采为教学之用，前福建省教育厅长郑贞文且定之为选本，可见其价值之珍异。……然而宋编亦非十全十美；

---

① 王贯三：《侨中概况》，永定区档案馆，档案号 C84-3-2179。
② 邱长庆：《略谈中国地理学发展途径》，永定区档案馆，档案号 C84-3-2179。

盖时代进展,瞬息万变,其中教材,多失实效,不合目前教学需求……孟子云:"有信书不如无书。"此乃至理名言。我们读书,如刻意挑剔,一味抹煞原作美处,固属不可,而囫囵吞枣,盲目新从,把自己的头脑让人家跑野马,亦不足为训。惟熟虑而后信从,批判始予接受,学问斯可日进。①

同时学校方面在教学工作上亦不落后,一方面为使教学不致脱迟延缓,精密地拟订教学计划,把握教学进度;另一方面为形成学生热烈学习的风气,举办各种学科竞赛,并给予优胜者奖励。但在教材的补充方面,虽然能够注意到,但由于印刷的困难,而无法实施,只能多订阅书报,充实增加教具,教具虽还不能算够用,但在国难时期,确可雄视附近中学。

2. 课程选择

学校对课程的选择,多迁就于课本、会考和升学,侨中也不例外,但其作为华侨创办的学校对外来知识的吸收能力和生产教育的重视程度显然优于附近其他学校,侨中教学工作的中心原则在于普遍提高学生素质,特别是自然课及英语的程度,以适应时代的需求,造就建国人才。

本校为提倡科学,并提高学生学习科学兴趣,除增加英、数、理、化等科授课时数,特增设科学讲座,由本校导师中国化学会会员许铮先生主讲,讲题有科学小说庞大的智星,科学理论原子世界,天文知识火球——太阳,化学工业造纸的理论与实际及化妆品的制造等,逐周讲述,并指导学生实地制造。②

在设备、资金均有限的情况下,侨中仍然坚持为学生提供科学的课程,并每周提供科学讲座,实践与理论相结合的教学方法,超越了传统教学的拘束,引领着学生走上科学的道路。

---

① 雨田耘圃:《吹求录》,永定区档案馆,档案号 C84-3-2179。
② 《教务工作概要》,永定区档案馆,档案号 C84-3-2179。

3. 监督机制

学校能培养出"教重确实，学重自动"的优良学习氛围，在于教学工作的顺利开展，而教学工作之所以如此顺利，主要归功于学校严密的监督机制。这种监督机制不仅是学校对学生教师的监督，还有学生与教师之间和学生与学生之间的相互监督。

学校严密举行考试，考查学生学习情况，提高学生学习精神；每周检查教师的教学进度，以符合课程标准。学生向学校反馈教师教学情况，教师就其反馈提出教学改进意见。学生之间，成绩落后者亦会受到同学的惩罚，因此全班同学大都能自动赶上，养成自主学习的好习惯。侨中的监督机制实施的具体方案如下：

1. 原有每周之周试。本学期改为抽考，事先不宣布科目，试题尽量采用测验题，目的在养成学生平时的努力，并设法使其着重理解及综合的认识。

2. 每段举行一次之学生教学意见调查，本期也加以改进，其办法：（一）由教务处印制调查表，以科为单位，向各生举行定期及不定期的调查；（二）教师也可随时举行口头或书面的调查，或委托教务处代行调查；（三）分科推选科任教师若干，拟定各该科教学改进意见，提交教务会议；（四）每月一次之教务会议，即以教材及教学法为讨论中心。推行结果颇有成效。

3. 鉴于过去教学进度，每有太慢太快，或快慢不匀之弊，本期特由教务处拟定教学进度计划及填记须知，由各科任教师详密计划，逐周填记检查，务期快慢适中，既符课程标准，又合学生程度。

此外，如制发规定作业登记表，以便抽查（本校各科作业，除由科任教师批改后，每周复由行政人员予以抽查）。不及格学生意见调查表，以便加以适当的注意与教导，都是值得一提的改进办法。①

---

① 《教务工作概要》，永定区档案馆，档案号 C84-3-2179。

侨中的这种监督机制，使学生拥有了自己的发言权，不再只是被动接受学校和老师的安排，能根据自己的学习体验，平等地与老师交流，提出自己对教学方法的建议，而教师也必须重视学生的教学意见，并及时对其教学方法进行改进。在这种监督机制下，不但学生要努力学习，教师亦不能懈怠。

三、教育方面

在侨中立校的各方面工作中，教育是十分突出的一项。相较于教学工作的严格与先进，侨中教育工作的进行是全面而卓有成效的。优良的校风不仅约束影响着历届师生，也成为全校师生引以为豪和共同努力的目标，"在这个抗战的艰苦阶段里，在这个动乱的时代里，我们能在安静优良的环境中，紧张地学习着，愉快地生活着"。

侨中对学校所具有和坚持的优良传统做出了清楚的界定和描述，以期将无形的精神传统与影响化为可见的条例，为侨中师生建立学习的方向与目标。这个传统的最终确定经过了全校师生的讨论和决议，并可能在此后每年讨论和修改。

　　我们觉得本校在无形中有个优良传统，所以学生进来之后，会逐渐变好。毕业之后，对母校会念念不忘，教师也是如此，进来之后，会同甘苦，共努力，出去之后，会再回来，这并非空言，有事实为证。

　　我们觉得应该进一步把无形的变为有形，使员生们的无意的模仿，变为有意的学习。所以有本文的产生。

　　……

　　兹将优良传统全文列下，希望以后每学期修改一次，视为我们的宪法一般。

优良传统

三十三年度第二学期全校员生修订

甲、校董方面

出钱出力，惟力是视，对学校负责人绝对信任。

乙、学校方面

三育并重之教育目标，民主集中之行政制度，会计独立之财政制度，劳动生产之战时生活。

丙、教师方面

一、个人生活。刻苦耐劳，少无谓应酬，无不良嗜好，课余注重运动及进修。

二、服务状况。能视教育为事业，牺牲享受，不计报酬，认真管教爱护学生，亲如家人。

丁、学生方面

一、对学校之观念。一花一木等设备，皆由学生亲手造成，故视学校如己有，毕业生对学校更爱护。

二、对教师之观念。在校之生活及对教师之教法，皆得发表意见，故上下相同，敬师长如家长。

三、对学业之态度。有自动研究精神，能即知即传，有劳动服务及努力生产热情，能舍己为群，自耕自食。

四、对学生之态度。新旧同学，亲爱互助，宛如兄弟。①

侨中的"优良传统"不仅成为一个学校的精神引领，而且作为理念贯彻在学校工作的各方面。这个传统是非常具体切实的，关系到从优良品行到学习运动等的生活态度；侨中的奖惩制度与之一脉相承，为师生学习生活的种种细节作了规范和指导，使这个优良传统体现在具体行动上。

侨中的教育工作取得了十分好的效果。一方面，遵循了"优良传统"的教育理念和方式被本校的师生所认同；另一方面，优良的校风也成为侨中对外的一大特点和吸引力。在侨中校刊的"学生习作"部分，学生描述了优良传统在自己生活中的体现，并表达了对它的认可。

看吧！年青的孩子们担负起了抗建的任务；听吧！你优良传统的美誉传遍了每一个角落，激荡了每个人的心露。……将要远离母校的我们，感

① 《教务工作概要》，永定区档案馆，档案号 C84-3-2179。

觉到无限的惊慌,恐惧——因为社会是在冷空气四面包围中;或许在别的学校一切景象都不如我们母校与同学。①

侨中师生的生活历来是朴素的,因此,师生异常亲爱。这就是构成侨中优良传统的主要因素,我们的师长全校同学皆说是优良的,不但同学这样说,甚至地方父老与长官都说是好的。②

上一年,学米虽然加收三斗,但许多同学,仍从四方八面赶到我们的学校来读书,这是什么缘故呢?因为我们的校风好,教法好,因此他们都愿意来。③

侨中的学生体现出了很强的责任感与归属感,其来源就是侨中的教育。从学生的几篇习作来看,他们并不将侨中的优良传统仅仅当作在校期间的规范,而是真心认可和接受,并将其作为自己今后人生的准则。学生真切地热爱母校,并感谢母校带给自己的教育。

侨中长期的良好教育工作不仅影响了校内的风气,而且对学校所在地区的整体风气造成了良好影响。这种影响不是纯粹在精神层面作用的,而是通过早起、种树等日常生活小事切实地影响人们的行为和观念。当时(1936年)任职的校长王贯三在《侨中概况》提到了一部分侨中教育的社会影响。

训导方面:其原则上是要造成一种自动向善,更能影响家庭和社会之风气。……至于能否影响,家庭及社会之风气,亦有几点事实为证:

1.赌馆中及荔子岭上的浪荡青年减少。

2.学生早起的钟声,已经在全社会中树立司令长官之权威,使社会普遍的早起。

3.全乡大扫除及全乡大种树,使家庭及社会对于公共卫生及社会服务观念加强。④

---

① (第六班)林英瑞:《别了母校》,永定区档案馆,档案号 C84-3-2179。
② (第八班)李道贤:《侨中的优良传统》,永定区档案馆,档案号 C84-3-2179。
③ (第九班)卢龙辉:《学校现状》,永定区档案馆,档案号 C84-3-2179。
④ 王贯三:《侨中概况》,永定区档案馆,档案号 C84-3-2179。

侨中校刊末尾的《历届学生一览表》中记载了侨中历届学生的姓名与通信地址，从通信地址可以看出，侨中的主要生源是较为集中的，许多学生来源于同一地区甚至同一家族。侨中的优良传统自然地由本校的学生传播至他们的家乡，从而影响了家庭及社会的良好风气。

侨中的教育工作主要在以下几个方面进行：

1. 品德

学生良好品德的培养是每个学校教育工作的重要任务。侨中品德教育培养的一个特点是，十分注重师生以及同学彼此之间的良好关系。体现品德教育效果最明显的是其奖惩制度。相较于当今大多数学校更多注重自我行为约束的奖惩制度，侨中增加了一些涉及人与人之间关系的规约。从侨中的奖惩制度可以看到，除对基本道德行为如遵守纪律、拾金不昧、见义勇为的奖励规定及舞弊、旷课、盗窃等行为的惩罚规定，侨中特别对一些师生及同学之间的行为作了奖惩规定。

> 凡个人有下列情形之一者应受记小功一次之奖励：（服务考查同样给予小功）……C.规劝同学改正错误者 ……E.帮忙同学学习著有成绩者。
>
> 凡个人有下列情形之一者应受记大功一次之奖励：（属于考勤者亦予同样奖励）……B.大公无私平息同学发生纠纷者……E.服侍师长病痛著有功绩者。
>
> ……
>
> 凡有下列情形之一者应受记缺点之处分：……C.侮辱同学者。
>
> 凡有下列情形之一者应受记小过之处分：……E.欺骗师长及同学者……F.违纪律不服从师长及级长之指导者。
>
> 凡有下列之情形之一者应受记大过之处分：……C.纠众捣乱或侮辱师长……E.打伤同学者……F.引诱他人作不良行为者。[①]

这些鼓励及惩罚措施使侨中的品德教育充满人性化色彩，也继承了教师

---

① 王贯三：《侨中概况》，永定区档案馆，档案号 C84-3-2179。

对学生"亲如家人"、学生之间"亲爱互助宛如兄弟"的优良传统。在这样的教育和实践下，侨中的教师和学生都体现出了较强的团结感和归属感。校刊的教师及学生作品中，流露出了侨中师生对母校、对自己老师、学生、同学的深切感情。侨中的品德教育在这一方面应当是十分成功的。

2. 劳动

劳动在侨中的教育工作中占据了很重要的地位。在侨中的建校计划中，有自己的工场、农场、林场、苗圃及谷仓。学校鼓励普遍劳动，并要求班主任承担指导该班学生劳作的责任。侨中的学生大多来源于农民家庭，在劳动上没有遇到过多的困难。

全校的普遍劳动对侨中而言是有现实意义的。1942年为学校"动摇期"，"适值米价飞涨，因此百般节省，努力生产，冀补不足。由俭入奢易，由奢入俭难，生产建设又被暴徒摧毁。所以校事动摇，几乎倾倒。"至1943年学校经济状况才开始逐渐好转。在学校的建设过程中，侨中采用比赛的办法激励学生参与劳动，从而节省了大量的工程支出。

> 我们都是农家子弟，已经过劳动初期的训练。在开辟新球场、菜园及校内道路时，学校采用美化站赛方式来鼓励我们，热烈遇行，短短的四周之间，完成了艰巨的工作，学校也完全变了新的面目，这次的工作，不但使学校节省了几万元工资支出，而且提高同学对于劳动服务的热情，及工作的信心。虽然是一点的收获，但意义是非常重大的。①

劳动的另一个意义是培养学生勤劳节俭的品格。校长王贯三在《侨中概况》中提到了学生劳动。

> 现在我们学生勤俭的风气已经养成，而且推到夜校的学生。中学生上学时左手拿书包，右手背锄头。在教室后罗列着锄头及粪桶，本学期起，更常看见许多勤工俭学生在种竹种菜。一早起背着锄头，挂着鸡笼，上山去

---

① （第八班）李道贤：《侨中的优良传统》，永定区档案馆，档案号 C84-3-2179。

垦植。他们是中学生,又是小农夫。①

侨中的劳动工作安排是比较合理的,一方面通过劳动锻炼学生,另一方面也要求防止过度劳动而损害学生的健康。除农业和建设劳动,学校常举行大扫除,很好地促进了学校的卫生和学生的健康。

3. 爱国教育

此期侨育中学校刊出版年为 1946 年。侨中一方面在艰难的时局中为学生创造平静的学习生活环境,另一方面进行了大量的建乡建国教育,鼓励学生毕业后参军。

侨中校长在学校概况中列出了"推动从军"的计划。推动学生从军,既是有关于抗战的时局,也是出于学校自身发展的考量。

> 推动从军;大之则本省,小之则本县本乡之人士。从商的多,从军政的多,因此对于建乡建国之贡献,虽则财有余,然而力不足。……近观广东的大埔,他们去南洋固然多,然而军政界的更多,所以有财有力,想得出做得到。然而我们相信,本校之于本乡及本县,假使我们方针正确,计划周密,则十年之后,可以一反从前之不足和落后。我们在推动从军方面,因此不遗余力,现已有学生三人——胡广义、胡以节、余文添——自动参加远征军。以后更希望在空军海军及政界多有学生去参加。②

侨中对学生的爱国教育起到了重要的精神引领作用。学校举办了公祭先贤的活动,派师生代表慰问烈士家属并送慰问金。此类活动自然在无形中增强了学生的爱国意识。

> 公祭乡贤:本校校董及员生代表于四月四日往祭本乡先贤胡蓉芝先生及谢副团长中枢,并向烈士家属致送慰问金前后共三千四百元、查胡蓉芝

---

① 王贯三:《侨中概况》,永定区档案馆,档案号 C84-3-2179。
② 王贯三:《侨中概况》,永定区档案馆,档案号 C84-3-2179。

先生,萃其毕生精力著四书撮言一书,当代士子奉为宝典,流传甚广,谢烈士系在滨湖战役殉职,身中六弹,尤奋勇杀敌,终于成仁,胡谢二公,一文一武,立言立功,乡国景从,其垂祈千秋,谁曰不宜。[①]

侨中同样十分看重的是三民主义的教育。对于推进学生对党义的学习,侨中建立了一定的规则,并开展了大量相关活动,鼓动学生入团入党。学校成立有党义研究组,举办党义知识比赛,并建立有相关的制度。

> 学生思想的训练……加强党团活动——成立党义研究组,积极指导学生研究党义及总理遗教,总裁言论,举行有关党义的比赛,注意纠正学生错杂的思想,鼓动入党入团,经常请党政长官到校演讲。
> 十一周来重要的活动……党义测验比赛。
> 班会开会秩序:(1)全体肃立;(2)唱国歌;(3)向国旗及国父遗像行三鞠躬礼;(4)主席恭读国父遗嘱……(9)散会。[②]

对于学生进行建乡建国和三民主义的教育,应当是必要且起到良好效果的。学生在习作中对国家怀着深切的热情,并决心致力于对社会的改造和国家的建设。

4.课外综合素质的培养

侨中对于学生的学习是很严格的。但在学习之外,侨中同样重视培养学生在体育、音乐、科学等方面的综合素质。侨中在师资、设备方面都不尽完善,仍能尽力促进学生的综合发展。

> 在第二学期没有童体教师,但逢到全县运动会,而我们的先生学生们全体总动员确实的教,自动的学,在全县运动之成绩如何,这是有目共睹,不赘述。在第三学期没有音乐教师,但笔者在写稿时,有两班正在自己学

---

① 《侨育中学校刊》,师范毕业卷(1-8),永定区档案馆,档案号 C84-3-2179。
② 《训育近况与学生活动特点》,永定区档案馆,档案号 C84-3-2179。

习唱歌。①

侨中在音乐、体育等方面的教学能力十分有限，但学校师生都对此十分热情，自发进行学习并举办了各种比赛，即使是毕业班也热情参与。侨中举办了全校运动会，包含了大量运动项目，并将获得奖项的个人与团体刊登在校刊上。

即使师资力量薄弱，侨中仍旧坚持为学生课外兴趣的养成及综合素质的培养提供机会。学校成立了导师主持的课外兴趣研究组，成立篮排球队和歌咏队，尽力丰富学生的课余生活。

全校方面，又成立党义、木刻、工艺、文艺、音乐等研究组，随同学的才能兴趣，选择参加，每个研究组都有一位导师主持。②

本校为提倡科学，并提高学生学习科学兴趣，除增加英、数、理、化等科授课时数外，特增设科学讲座，由本校导师中国化学会会员许铮先生主讲，讲题有科学小说庞大的智星，科学理论原子世界，天文知识火球——太阳，化学工业造纸的理论与实际及化妆品的制造等，逐周讲述，并指导学生实地制造。③

日常活动……组织侨中学生篮排球队，经常训练球。……成立侨中学生板报社，每月出版一期。……成立侨中歌咏队，经常习唱。④

侨中在经费紧张、校务艰难的情况下，仍能坚持保证学生的课余活动，培养学生的广泛兴趣和综合素质，实属不易。在侨中的建校计划中，有图书馆、科学馆、实验室和运动场，已经在逐步地提高学校在这些方面的硬件配备。

① 王贯三：《侨中概况》，永定区档案馆，档案号 C84-3-2179。
② （第九班）卢龙辉：《学校现状》，永定区档案馆，档案号 C84-3-2179。
③ 《教务工作概要》，永定区档案馆，档案号 C84-3-2179。
④ 《训育近况与学生活动特点》，永定区档案馆，档案号 C84-3-2179。

四、结语

近代中国的教育就是一部中与西、传统与现代教育体制和教育观念冲突和融合的历史。而侨中正创办于近代中国向现代中国发展的过渡时期，战争的烽火阻碍了学校资金的来源，即使经费再紧张，甚至到达需要借债支撑的地步，学校也不轻言放弃，四处募捐，坚持为学生创造安静优良的学习环境，提供科学的课程和先进的教学方法，培养出大量满怀爱国情怀、品德优良、全面发展的建国人才。虽然侨中的办学仍存在许多缺陷，但它对教育的重视和坚守，以及对学生责任感和归属感的培养都是值得我们借鉴和学习的。

《永定新报》复刊概述

邓连邦　薛　瑞

　　《永定新报》原创刊于民国二十一年（1932 年），后来受战事影响，因物价暴增造成停刊，1945—1948 年间复刊。本文根据民国时期档案记载，对当时报社恢复的流程以及具体的规章进行描述。将《永定新报》放到整个大的历史环境下可以发现，其恢复时间处于民国末期，当时报社的发展与民国末期的发展有着密切的联系。

　　恢复《永定新报》的时间是 1945—1948 年间，这是一段特殊的时期，它是新中国成立之前的重要过渡时期。抗战胜利之前，新闻传播与宣传对取得抗战胜利也有很大的贡献。这份卷宗所记载的文献，是在抗战胜利之后，恢复《永定新报》的历程。

　　《永定新报》原名为《永定晶报》，创于 1932 年，因为经费问题时辍时续，并且受战争的影响，物价特别贵，导致停刊。因为战争告胜，物价也日趋下降，所以提出宜早日复刊，以此来增进自治效能，提高文化水平。把《永定新报》放在社会的大背景下，当时，1945—1948 年间，二战之后，国际和国内相对宽松的政治环境客观上激发了知识分子追求自由民主的热情，成为鼓舞知识分子积极参政的有利条件。报刊是传播文化的重要媒介。

　　恢复《永定新报》的开端，是由一次又一次的会议串联而成的。每次的会议是上段工作的总结，同时也是下段工作新的开始。根据文献记载，首先，由中国国民党福建省永定县执行委员会永定县政府发出聘函，通过聘函告知曾巨川、赖作探、郑国柱、林蔚民、卢大川、黄兆元、吴奇锺等 11 位先生，聘为

《永定新报》董事会董事。其次，召开大会讨论，第一届第一次大会第二次会议讨论参议员余怀等提出恢复《永定新报》案，经本次会议决议确定具体相关负责人负责进行，并且记录在案。报社的资本以公私合资为主要原则。此外，切实章则办法由董事会商讨进行。通过会议商讨有关具体董事的人员组成，以及资本如何筹备，组织计划及经费预算经何人编撰等问题，最终决议资本暂定 50 万元，其中 30 万元由各乡镇筹备，另外 20 万元特别捐献。报社开办费的筹备，是由县预算文化运动委员会经费全年 1.8 万元，新闻事业费全年 1 万元及参议会民意月刊剩余经费 5 万元项下报充。最后，此次会议决定组织计划及经费预算推廖书记长负责编纂。

在恢复《永定新报》的第一次会议提议中，因为基金无着，致董事聘就后，无法着手筹备，所以召开第一届第三次大会，决议标售赋谷盈利国币 350 万元以充《永定新报》基金。第一届第六次会议决议定期出版《永定新报》，以利政令推行。在此会议上表示，第一届第一次会议案即将于 12 月 6 日筹备完成，由本府聘请曾巨川等 11 位董事，且互推廖可桢负责第一次董事会。依照筹备恢复程序似已告一段落，而关于第一届第三次大会决议就标售赋谷盈利所需要筹备的 350 万元的基金费，因本县乡镇公所不敷办公费，另行它法。本会第一届第六次大会参议员吴奇锤提出的定期出版《永定新报》，以利政令推行案经第三次会议讨论决议，照案通过。

根据史料记载，恢复报刊政府会发放登记证。所谓登记证，就是在民国时期办理报社业务的开张凭证。在发放登记证之前，相应机关会查询核实该报社的真实性。《永定新报》，因其之前就开办过，由于战争和物价的影响停刊，首先要核实查询上报的事件的真实性，然后在确保收回原登记证的基础上，发放新的登记证明。

当时《永定新报》的复刊，董事会的成员做出很大的贡献。每次会议都会提出相应的问题，并加以讨论，最后给出相应的实施办法，并且予以监督的同时不断加以完善。其中，有一个细节，在《永定新报》复刊的过程中，当时的县长也积极参与，可见政府对于报业的发展是相当重视的。福建省政府认真追踪报刊的换发登记过程，处理遇到的换证进展拖拉等问题，适时调整工作计划。省政府主席刘建绪对报刊的登记、按期发行十分热诚。他多次对报刊的审查、发行作出指示，对报刊登记申请书审查严密，条件不符者即退回；要求永定县政府严格抄发报刊调查表，落实执行《出版法》，自发证或核准发行后已逾法定期间仍未发行的各报刊将依法注销其登记，地址变更仍未登记的报刊也须撤销其登记，已发行的报刊必须按期照章寄送刊物。由此，《永定新报》得以焕发生机。

虽然《永定新报》处于民国的最后时期，但从在录卷宗的过程中，可以感受到民国时期，人们对于档案和档案工作的重视。现在有专门的专家学者，对于民国时期档案的储存和整理做相应的研究，可以让我们学习到更多档案建立和实施的宝贵经验。

《永定新报》的发展有着促进文化传播、提高公民对热点事件关注度的社会影响力，尽管在当时以至于现在，它的党派属性都不能被抹去，但它也的确展现了国民政府对报刊行业的扶持、振兴的决心。在现在传播不再成为难题的时代，我们应该直面那段历史，客观看待前人做出的努力，主要从促进文化传播的角度出发，吸取一定的教训，为促进新时代的文化传播所借鉴。

经济生活 | 面相

　　1840 年鸦片战争后，在外国资本主义入侵影响下，中国自然经济逐步瓦解，近代中国资本主义经济开始发展起来。从永定县金融、贸易、公会等方面相关档案中，能够看到一些具有典型性、代表性的个案，有助于加深读者对近代中国经济发展状况的了解与研究。本部分从金融、货物贸易、盐务和同业公会的建立等方面对永定近代经济生活进行描述与分析。

民国时期永定县银行业务中的贷借工作述略

韦亦君

国民政府于 1940 年颁布《县银行法》，大力推动县银行建设，建设内地金融网，调剂地方金融，扶助经济建设。县银行的农贷业务是政府干预地方、整合地方社会经济的举措，对于地方经济的建构有重要作用，存在积极性，也有缺陷和不足。本次得到的资料为 1947 年解放战争时期的永定县银行的档案 [1]，作为解放区的永定在这一时期的县银行建设，对研究民国时期县银行业务中的贷借工作具有重要研究价值。

一、民国时期永定县县银行概况

抗战期间，国民政府为了健全西南西北金融网，开发内地经济，为抗战提供物质基础，于 1940 年 1 月颁布《县银行法》，旨在调剂地方金融和发展地方经济服务。在此之前的民国时期县银行主要以自发的诱致性变迁为主，经过政府主导的强制性变迁后，县银行的数量大幅增加，资本规模有所提升。抗战胜利后，农村经济压力有所缓解复苏，加之国民政府对县银行的继续倡导，县银行的发展在 1947 年迎来一次高潮。

档案中的永定县银行营业计划书的前言提到"永定县地处关西边陲交通阻梗，地方经济至为窘困，金融机构仅有福建省银行分行及福建省银行永定办事处。及该行处限于办理商业贷款以改农林业之扩展、水利之兴修、特产之改良等等，因经费缺乏，无从举办。兹本行以调剂地方金融、扶助经济建设

---

① 《永定县政府县银行》（1947 年），永定区档案馆，档案号 84-6-101。

及发展合作事业为宗旨，使地方建设事业臻于繁荣"。从中可以看出，当时福建地区的金融网铺设不尽如人意，仅有省银行很难完善地方经济建设，永定无法从省银行得到足够的贷款来发展地方经济。而设立宗旨为"调剂地方金融、扶助经济建设、发展合作事业"的永定县银行，则是当时永定县走向脱贫致富道路的一大重要举措。

县银行目标是推动地方经济建设，因此县银行以民资为主，特别注重吸纳民间资本，团结地方人民力量以发展国民经济。档案中的永定县银行发起人姓名认股法册中，除永定县参议院会议长等各个政府官员参与其中，还有永定县商会理事长、日报社长等民间法人代表参与其中，并占据一定股份。档案中的招股章程中第四条"本银行资本额定为国帑陆亿元分为三千股，每股二十万元，除由县政府认购百分之四十计一千二百股外，余向县内（一）有住所人民，（二）地方法人团体"，在官商股比例上是商主官次，也可以看出县银行对民间资本的重视。不过，县银行整体上讲还是由政府主导推动的，县银行筹备处等工作岗位的人员都由县政府聘请，并且大多事务都由县政府处理，所拟章程需要由县政府转呈省政府咨请财政部授准施行。

永定县银行的基础业务项目同省银行相差不大，但是在地方建设上要更为突出，主要是在放款范围上有所差别。档案中的永定县银行营业计划书中的放款范围大抵为："一、关于地方仓储之放款；二、关于农林工矿业及交通及业生雇用金之放款；三、关于兴办水利之放款；四、关于经营典当小押之放款；五、关于地方建设事业之放款；六、关于物产改良之放款。"对于地方建设事业的支援力度较大。县银行还在峰市、下洋、坎市等地设办事处来调剂地方金融，可以看出永定县银行在地方经济建设上的重视。

二、民国时期永定县银行贷借业务的特征

1947 年，处于解放战争时期，农村经济遭遇战时经济危机，受到破坏，农民普遍负债严重，而农村高利贷猖獗，对农村经济的恢复有不利影响，农贷是政府干预农村生活、整合农村社会、扶持地方经济建设的一项重要举措，此时

传统的典当等放款手段已然衰落，新型的农村金融组织初步发展，农贷业务的发展正是合乎时代发展的经济策略。

在放款内容中提到的地方仓储之放款可以看出，永定县银行有开办农仓储押放款这类能够调剂农村金融的机构。永定县有关贷借业务的部分主要在永定县董监事联席会议记录和永定县银行筹备处股金实物贷借办法中提到。永定县银行筹备处股金实物贷借办法规定"贷借期间最多不得逾四个月，借贷数额每户以一百市斤为最低额款，最多以一千市斤为限，月息以百分之五计算，其利息按月终了时，向借贷人取偿之"，从中可以看出：永定县银行实物贷借不得超过四个月，主要为短期贷款；月息百分之五说明贷款利率较高，接近高利贷程度；贷款最多一千市斤，贷款额度不高，主要是短期周转用贷款。永定县董监事联席会议记录中显示："本行承县府员工福利会贷米六万市斤，应如何运用请公决案议决，借户对象以扶植农林商业活动地方金融为原则"，县银行的贷款主要用来进行地方建设，但主要是农林商业的经济活动建设，对于地方基础设施的扶助没有提及，生产类型贷款占比应该较大。永定县董监事联席会议记录中显示："二、贷放区域及数量；甲、凤城二万市斤；乙、湖雷壹万伍仟市斤；丙、坎市壹万市斤；丁、峰市壹万市斤；戊、下洋伍仟市斤"说明永定县银行整体贷款数额较少，地方建设资金筹集较为困难，分配到各个地方的贷放数量不多，真正能起到多大的作用还有待商榷。

三、民国时期县银行业务贷借工作中存在的问题

民国时期县银行作为早期金融体系构建的一个环节，仍然存在其缺陷。首先是上文提及的，农贷数量较少，农贷资金来源不足，无法满足地方经济实际需求，因为是在县级落后贫穷地区，进行农贷事业的人才也相当匮乏。其次，有关农贷都是由本身具有一定产业的有权阶层把持，农民个体户获利有限，不过县银行给予了合作社一定的发展机会。最后，农贷手续烦琐，需要在各稽征处来回办理；条件苛刻，需要各方担保作证，这些都变相加重了农民的负担。以上在永定县银行筹备处股金实物贷借办法中可见，"第四条　贷借业

务由本处分托各税捐稽征分处（以下简称"稽征处"）妥填办理；第五条　贷借手续凡借贷人事先应向本处，或就地稽征处索取本处制发借据，及按月拨付息米凭条用毛笔填写，不得潦草并觅具，殷实铺保一家对保后，方由处派员得填取拨米出仓单；第六条　代理稽征处于实物贷出后，须将贷米借据及拨付息米凭条汇齐送交本处，经理保管并于每月接到本处寄交借贷人，发付息米凭条后，应即向借贷人取来存储，候拨列报本处，以便分别登记入账"。

四、结语

县银行这一机构虽然应战时经济的需要而生，得到国家的大力推动，但因其资本短缺、经营受限、市场竞争等各方面原因而在数年后没落。而民国时期县银行的农贷业务工作虽然冲击了传统的农村借贷方式，一定程度上救济了农民的生活，增加了农民的收入，推动了地方经济建设的发展，但是其存在的种种缺陷使其同县银行一样只是昙花一现。这一时期的县银行仍在国民政府的管辖下，受到资本主义的控制逐利性过强，而如今我们应该汲取昔日的教训，时刻关注社会经济状况，通过政府强有力的引导，建立符合中国特色社会主义的地方金融体系。

1937年度永定县商品流通概况

覃炫媛　旦增旺姆

贸易总是随着人类的发展而发展，只要有一个社会群体这当中就必定存在贸易，当然根据不同社会群体的不同特征，贸易方式也是多种多样的。本文主要依据永定县民国档案《永定县政府对外贸易类》（84-6-171，永定县政府对外贸易类1937年度本卷共43张）浅析民国时期永定县与各地贸易情况，根据民国时期各县对外贸易纲要，了解当时永定县商品传输路径传输方法、各批发行栈以及零售商购进货物之程序和步骤、货物货款如何处理等诸多问题。本文还参考永定县各区输入输出货物量调查表中商品输入输出量、价格、产地等阐述民国时期永定县贸易具体状况。本文主要以阐述永定县民国档案永定县对外贸易类这一档案为主，欠缺对民国时期对外贸易整体情况的分析，还需改进。

一、各县对外贸易调查纲要

县输出货物调查表主要有货物类别、等级和牌号、生产地、运往何处、运输及包装方法、数量单位、输入数量、输入价值（元）以及附注组成。县输出货物调查表主要有货物类别、等级和牌号、生产地、从何处运来、运输及包装方法、数量单位、输入数量、输入价值（元）以及附注组成。在各县对外贸易调查纲要中提出了各地方在本地对外贸易调查表中应当涵盖的几个内容，分别是：（1）本地从外县购买的物资中，哪几种是先购买到批发行栈再销售给零售商？哪几种是零售商直接从外采购？（2）各批发行栈购进货物的程序如何？批发行栈在与外地接洽时有无经过中间人？如有中间人，其姓名以及报酬如何？（3）批发行栈在购进货物后如何在转售给零售商？货物的价值比率？（4）零售商直接向外采购时的程序如何？（5）外县从本地购买的货物有哪几种？是先由行栈收买然后再选择？哪几种是生产者或小商店直接从本地输出以及怎样从本地输出？如果生产者或小商店直接从本地输出是否有中间人介绍？中间人的姓名以及报酬如何？（6）根据输入和输出货物的性质分析，哪些货物在哪一时期卖得更好或买得不好？（7）输入货物的货款如何处理？在购买货物时应先付款还是在货物送到后再付款？需要付款的地方政府应付现金还是通过银行或钱庄的票据支付？（8）输出货物的货款如何处理？请根据第（7）项一一详述。（9）各项货物输出的途径应当简绘一张地图，其中是使用什么交通工具，走的是公路还是河流应当详细描述。

二、调查须知

1. 本调查是以一县或一特种区为单位，在这一单位内自身的贸易可不必调查。例如，某县第一区所产的米销售到第四区，第三区所产的花生销售到第二区，以及城内的商店把从外埠购买来的商品转售给第四区等都应剔除。

2. 所谓输入货物指本单位以外从各地购进的货物，其生产地不论是外县、外省还是外国，其经过的道路不论是直接从生产地运来还是从别处转售都是指输入货物。调查时应当注意不得遗漏也不得重复。不同货物因其种类不同而程序不同。如粮食棉花水果等都有批发行栈大规模囤入然后再转售给零售商，也有根本没有设立批发行栈或者有批发行栈而不通过行栈零售商直接从外采购如苏广杂货等。有时批发行栈不把所购来的货物直接出售给零售商而是通过一层层的批发商，而零售商从其他商人处购买。在对每一个批发行栈及零售商店的账簿一一调查则不免有重复且手续太过烦絮，如只调查批发行栈的账簿又殊多遗漏，故特别规定如下：（1）所有先通过行栈的货物应先调查行栈的账簿，在调查时应该首先询问该种货物是否直接从外地采购，如是从另一行栈转来则应调查原始行栈的账簿。（2）如果部分商品从行栈批发，部分商品由零售商直接从外采购则行栈批发的部分商品根据（1）项规定，而直接采购的部分商品则逐一调查直接采购的零售商店。应当注意辨明该货物是否是直接从外地购进，而其中从本地批发行栈或零售商转销而来的显然重复，应当剔除。（3）全部由自己直接采购货物的零售商直接逐一调查各零售商店即可。

3. 输出货物指向本单位以外各地所出售的货物，其生产地应当以本单位自产者为主，但也有从他地购进的货物有剩余或其他原因而再输出的情况也算输出货物。例如某县向福州购进上海产麦粉 1 万元，在各批发行栈的账簿上可查到，在输入栏中即列入此数，但两个月后因邻县缺乏麦粉再出售上述麦粉 1000 元，在输出栏中应列入麦粉 1000 元，注明上海产并在附注栏中标明转运。输出货物调查的标准与输入货物的规定相同即全部向批发行栈调查，或者一部分向批发行栈调查，一部分向零售商调查或者全部向零售商调查。

4. 所输入货物的最初来源必须调查清楚，如河北省产的大豆先运往上海再转运到闽地则生产地应注明河北不得写作上海，而从何处运来可写作上海。如原始生产地调查者未能注明，则询问商家或检验商标可以得到准确结果。

5. 虽然是同一种货物但如果生产地或商标不同则应分别注明，例如同一麦粉有天竹牌和兵船牌，前者输入 1000 元后者输入 2000 元，不能一起写作麦粉 3000 元，应该分牌号列入。

6. 运输和包装方法可以用简明字句注明，例如陆运水运包装篓装等。

7. 调查数量首重单位，但如太过混杂便无意义，本调查对各货物规定在可能的范围内应该尽量采用市用制。规定凡是重量必须化作市斤计标，以便与他县比较。首先应在数量单位栏中填入当地习用单位，再用括弧表示其折合市斤比率，然后在数量单位栏中填入已经折成市斤数，为便于各县比较，有数类商品特别规定的单位绝对不准变动。

8. 商品名称应尽量避免土名，如万不得已应注明货物的用途和形状。

9. 所谓输入输出货物如同前面所述指购进或出售的货物，凡是过境延搁数日并不是由本县购买的货物就不在本调查之中。

10.货物类别的程序应当遵照下列分类标准,不得有参差颠倒或另创标准,如有违反应责令改正,货物分类标准如下:

（1）食品

①米（百市斤）；②小麦（百市斤）；③大豆（百市斤）；④其他杂粮（百市斤）；⑤面粉（袋）；⑥鱼介海味（百市斤）；⑦蛋类；⑧鲜干果；⑨糖（百市斤）；⑩盐（百市斤）；⑪茶；⑫酒；⑬植物油；⑭菜蔬；⑮子仁（百市斤）；⑯其他（如罐头食物、粉丝等）。

（2）衣着

①棉花（百市斤）；②丝；③麻；④棉纱（大包）；⑤各种布匹；⑥毛织物；⑦丝织物；⑧麻织物；⑨棉织物（如背心、汗衫、袜等,但布匹不在内）。

（3）燃料

①煤（吨）；②炭；③木柴；④煤油（箱）；⑤汽油（乌油车油在内）；⑥火柴（大箱）；⑦洋烛；⑧其他。

（4）烟草

①烟叶（百市斤）；②烟丝（百市斤）；③纸烟。

（5）兽畜及其产品

①牛；②羊；③猪；④鸡；⑤鸭；⑥皮革；⑦牛骨；⑧其他。

（6）药品

①中药；②西药。

（7）木竹藤草及其制品

①木材；②竹；③草席；④其他制品。

（8）花卉

①水仙；②茉莉；③兰花；④其他。

（9）金属及其制品

①铁钉、铁条、铁丝；②铜；③锡；④其他。

（10）染料及油漆

①各种染料；②漆；③桐油（百市斤）；④其他。

（11）纸（纸箔列入迷信品内）

① 土产纸；② 洋产纸。

（12）瓷器玻璃及泥土

① 陶器及瓷器；② 玻璃；③ 水泥（桶）；④ 石灰；⑤ 其他。

（13）迷信品

① 神香；② 爆竹；③ 纸箱；④ 红白烛（洋烛则已列入燃料）。

（14）化学品

① 各种化妆品；② 肥田粉；③ 各种化学原料；④ 其他。

（15）电料

① 电线；② 电池及电土；③ 电灯泡；④ 无线电用具；⑤ 其他。

（16）家用杂物

① 面盆；② 伞；③ 牙刷；④ 钟；⑤ 表；⑥ 镜子；⑦ 皮箱；⑧ 首饰；⑨ 洋刀；⑩ 鞋；⑪ 帽；⑫ 其他。

（17）杂项

① 书籍；② 文具；③ 豆饼；④ 蜡；⑤ 其他不属于以上十六类之物品。

三、永定县贸易概况

永定县所有不经过批发行栈所输入的货物直接由零售商或个人亲自赴外地采办，没有经过中间人之手，零售商需经过采办、包装、运输、零售四种程序，但个体只需经过采办、包装、运输三种程序。

永定县不经过批发行栈所输出的货物均由生产者或小商店加以包装直接输出外地，但是也有不加以包装的情况，故输出程序是可变化的。

输入及输出的货物以其性质每月有淡旺季之分，比如永定县三月份县内粮食少故输出少，八九月份粮食产量多输出多。

永定县市场萧条，小商店利润少，个体户非穷即竭无信用之道，所以货物货款清办时需在购货时亲自携带现款付清。本县输出或生产者直接输出或外商来县采办时均以现款换现货，绝对没有赊欠的情况。

永定县各类货物输出入之途径主要有从本县往东到龙溪的公路以及本县往西南到汕头的水路，其中永定到龙溪分别经过龙岩、南靖，永定到汕头分别经过峰市、大埔、潮安。

四、永定贸易分析

在 1937 年 1 月 1 日—12 月 31 日永定县输入货物调查表中，我们可以看到民国时期贸易形式具体到一个县的情况。例如，在永定县输入货物调查表中，永定县以 6 万法币每百市斤的价格从龙岩输入江西产中等白米 8000 百市斤，白米耗费 48000 万法币，运输及包装方式为陆运袋装。永定县以 5 万法币每箱的价格从大埔输入宝盖牌美国产煤油 9000 箱，耗费 45000 万法币，运输及包装方式为水运箱装。其中，我们可以很清晰地看出各个商品的类别以及等级牌号，白米为中等，煤油为宝盖牌。输入货物的最初来源也明确列出，有利于调查，白米产自江西，煤烟产自美国。

从龙岩到永定为公路故运输方式为陆运，从大埔到永定为水路故运输方式为水运。永定县以 0.5 万法币每罐的价格从大埔输入美国产伎馆牌纸烟 3000 罐，耗费 1500 万法币，运输及包装为水运水箱装。永定县政府以 0.05 万法币每包的价格从大埔输入上海产长城牌纸烟 800 万包，耗费 40 万法币，运输及包装方式为水运箱装。可看出美国产纸烟和国产纸烟单价相差大，从大埔运来都是水运。永定县以 100 万法币每百市斤的价格向粤赣湘鄂输出中等烟丝 6105 百市斤价值 610500 万法币，运输及包装为水陆运篓装。

对比前面输入的纸烟，永定县输出的烟丝以 1∶20 的价格高价输出，体现了永定县烟丝之妙，事实证明永定县的确拥有发展农业的优越条件，土壤气候适于烟草生长。全县宜烟面积 27 万亩，种植和调制烟叶有 400 多年的历史，加工的条丝烟素有"烟魁"称号。1987 年，全县种植烤烟 11.55 万亩，总产量 7870.15 吨，有"中国烤烟之乡"称誉。[1]

---

[1] 永定县地方志编纂委员会：《永定县志》，中国科学技术出版社 1994 年版，第 164 页。

五、结语

在本档案中，永定县从龙岩、大埔输入的货物占多数，而输出运往的地点则是多样的，有龙岩、大埔、粤、赣、湘、鄂、潮汕多地，笔者猜测输出的货物多经一站再流往下一站，"运往何处"栏中填写的不单单是到达的第一站而是包含之后也到达过的地方。而输出调查表格中特意列入生产地是清楚调查过货物的最初来源，体现了民国时期对外贸易程序的细致与严谨。总而言之，从这份民国永定县档案中笔者大概可以推测民国时期各县在登记对外贸易情况的基本程序，首先是对外贸易调查纲要，其次是调查须知，最后是罗列各县具体的贸易额，要求相关人员严格按照调查须知办事。

地方如何应对中央：
民国永定县政府私盐档案的解析 ①

刘青霞

　　民国税制改革后，盐税纳入国家税由中央财政统一调配，盐务系统也成为财政部下的分支机构而独立于各地方政府。永定县为闽西粤东的交通要冲，每年有数万斤潮汕私盐经韩江水系进入永定，再销往龙岩、上杭等地。出于自身利益的考量，永定地方政府对私盐采取查而不禁的态度，一方面遵照上级盐务局的要求派军警协助缉查私盐，另一方面又包庇甚至依赖私盐的存在。这种暧昧的态度，体现了现代化国家建立过程中地方政府应对国家权力的运作策略：它既需要面对中央财政的扩张压力，又要协调自身职能扩大带来的财政问题，维护地方社会的稳定。

　　民国时期，盐务管理制度经历了多次调整。1928 年宋子文担任财政部长后，主张收回国家关税自主权，在各地设立了盐务稽核所征收盐税，隶属财政部管辖。到 30 年代，国民政府颁布新盐法，在财政部下设盐务司和盐务总局，总管全国一切盐务，推动盐政改革，加强盐税征稽，使得盐税成为仅次于关税的中央财政第二大来源。新盐法虽然鼓励自由贸易，但受到传统盐商的抵制，并没有得到全面施行。食盐运销制度一度是自由贸易制和引岸制度并存。到抗战时期，为应对战争环境和膨胀的财政支出，政府再次加强对行盐的管理和盐税征收，甚至恢复食盐专卖制度。直至 1945 年改为就场、就仓征税，盐

---

　　① 2018 年 7 月 15—24 日，实践队在福建龙岩市永定区档案馆扫描民国档案，档案计一个全宗，五个目录号，数百个案卷，包括财政类、文教卫生类、建设类、军事类、保安类等多个目类，本文选取其中的 C84-3-872《私盐卷》（1945—1949 年）作为分析对象。

税归入国税，划定全国税率，食盐在理论上实现了自由买卖。

盐政的变革是民国财政税务政策的一个缩影，总体上看，中央财政处于扩张的状态，不断挤压地方的自主性。盐税自古以来就有"裕国便民"的重要地位，国民政府的一系列盐务政策更是竭力保障盐税的征收，使盐务系统直接对接中央财政，独立于地方政府，使之无从插手获利。与此同时，食盐运销虽然从引岸专卖制变成了自由贸易制，但私盐问题却从未禁绝。专商包运包销的引岸制度下，食盐运销是由中央财政部盐政总局下属的各地盐务局和盐务办事处负责调配，发给盐引，且只能销往特定的区域。1945年改征盐税之后，盐商买盐需要先向代理国库银行纳税，取得纳税凭证以后才能放盐，各地食盐仓价也由省区盐务局根据运销成本进行调整。一般来讲，官盐的税率约占盐价的四分之三，走私的利润令人垂涎。因而整个民国时期，私盐问题都十分严重。而这些下沉到地方上的大批私盐，则留给了地方政府一些运作的空间。

本文尝试以福建省龙岩市永定区档案馆所藏的一卷民国私盐档案为主，结合其他相关档案材料，分析民国时期县级地方政府对私盐问题的处理策略及其原因，并解答在中央统一盐政、查禁私盐的背景下，永定地区的私盐是如何产生、被缉查以及缉获后的分配问题，探究地方政府在其中扮演了怎样的角色，并剖析政府对私盐"禁而不止"的政治手腕，从而思考在现代国家建立过程中地方与中央的关系。

一、私盐被劫案及其背景

民国三十五年（1946年）1月21日，距离旧历新年只剩十天，永定县湖雷镇下寨堡堡民孔仁福和他的同族兄弟孔智星在旅途中遭到了一群荷枪实弹的民兵拦截。孔仁福是经常往来湖雷镇与下洋乡的商贩，一天前，他前往下洋乡采购了食盐七担，因两地相隔七八十里，所以在那歇了一晚，次日和在下洋开店的孔智星一同返回下寨。两人是在翻越金丰山行至笘东乡（今永定区岐岭乡）檬林里时，突然被笘竹自卫队三四个人拦住稽查并扣押。原来，两个月前,凤城镇伯公凹附近发生了一桩食盐抢劫案,案犯也是湖雷人,由于案件还没告破,县政府命令各自卫队协助搜查这批私盐。孔仁福二人挑着盐担,被自卫队的人认为有作案嫌疑,便将他们带回去扣押审问。①

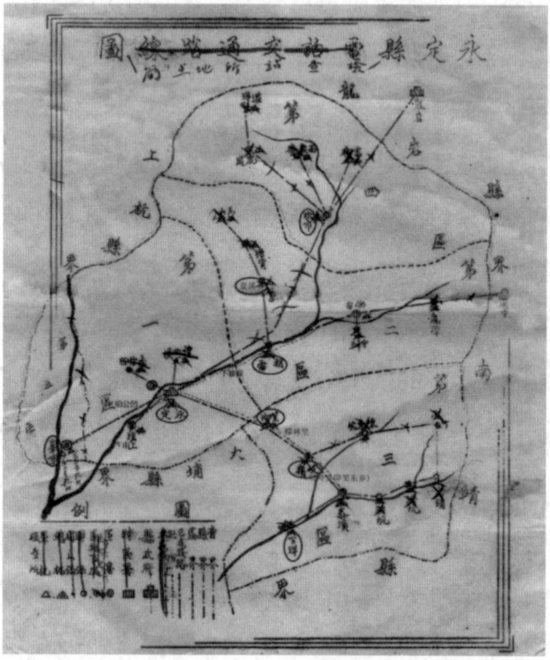

图1 1930年永定县检查站所地点简图

图片来源:《永定县政府经征查验卷》(1930年),永定区档案馆,档案号 C84-3-2210。

对孔仁福、孔智星这两个正经商贩来说,这次扣押实在是一场无妄之灾。自卫队所说的那桩食盐抢劫案是十月份时县盐务支局下设的芦市盐务稽征卡稽征员吴玉光在湖雷截获了万鸿号老板沈福余的一批私盐,共计十一担。这批缴获的私盐作为"功盐",本应运送至盐卡由盐务支局处理,不料在途中,竟然被一群劫匪在光天化日下持械抢去。混乱之中,吴玉光佩戴的左轮手枪都被这批劫匪抢走。这样的藐法之举,令全县震惊。案发之后,县政府立即派县警局侦缉组长卢钟光、县军事科中队长黄占新,以及湖雷镇公所三方面共同调查,历时近两个月还未查明。尽管人尽皆知案犯就是沈福余,他却一直

---

① 《永定县湖雷镇公所呈文》,1946年1月23日,《私盐卷》(1945—1949年),永定区档案馆,档案号 C84-3-872。

逍遥法外, 甚至自从派手下的堂溪壮丁队抢去盐斤后, 还多次托他的本家人县警局便衣队长沈朝凤前来找吴玉光说情, 表示愿意商谈归还功盐。沈福余是湖雷镇旁的堂溪乡人, 与吴玉光同乡, 在地方上很有势力。吴玉光不敢私下与他勾结, 于是在十二月二十六日向永定县盐务支局呈文, 说明一切情况:

> 窃职前服务芦市卡, 在湖雷缉获私盐一批计 11 担, 业经职缉〈77〉号呈报在案, 为时两月, 未蒙赐示。查湖雷方面大批私盐皆由该万鸿号东沈福余专售, 即充积满街之肩挑摊贩无非该号东靠堂溪壮丁队为护符。日前有家乡人来峰称该号东迭托沈朝凤转托旁人周旋, 谓"吴沈两姓过去感情甚好, 再免误会, 情愿悔过认罚, 至抢回功盐听由县府及盐管局处理"等语。职查当日抢夺功盐确系完全堂溪壮丁, 但湖雷为永定辖中心示范乡镇, 公然白天抢夺功盐, 藐法已极。闻县府派警局卢组长钟光并县府中队长黄占新及湖雷镇公所三方面调查, 结果若何事实, 据本局王股长往湖雷会保时曾顺便以此事向张镇长绥培询问, 据答"吴君缉获私盐完全不知"等语, 不免由于该恶势力威胁。关于自制左轮枪有云该号东当时交张镇长, 又云交黄占新, 又云职有暇返湖商谈此事情愿悔过道歉, 职俱未敢擅专至有不合规章, 惟有听由公家彻究处理, 合将上项情形报请钧长, 再函催县府严追功盐及枪款等项, 并乞迅予示遵再者。闻县府饬湖雷镇公所令文以职被抢之左轮误为驳壳, 是否为录事误笔以致久搁未复, 合并陈明。[①]

盐务支局收文后转电县政府要求立即查办此案, 捉拿案犯。县长赖作梁收到电文后, 电令湖雷镇长张绥培"克即详查具报核办"[②]。这次催促仍然没有什么实质性结果, 劫掠私盐的人没有抓到, 倒是挑盐的孔仁福被缉查的保安团视作嫌疑人, 平白拘押了几天。到了一月十八日, 湖雷镇长张绥培才给县长赖作梁回报, 电文很简单, 只说明被抢的枪支是左轮而不是吴玉光所说的驳壳, 至于抢夺枪和盐的人以及盐的下落则全然没有提及:

① 《吴玉光呈文》, 1945 年 12 月 26 日, 辑自福建区永定盐务支局电文, 1945 年 12 月 28 日, 《私盐卷》(1945—1949 年), 永定区档案馆, 档案号 C84-3-872。

② 《县长赖作梁电令张绥培文》, 1946 年 1 月 5 日, 《私盐卷》(1945—1949 年), 永定区档案馆, 档案号 C84-3-872。

案奉

　　钧府致子真府建字第二五零号密训令查复芦市盐卡稽征员吴玉光
在本市缉获私盐被抢实情具报等因，奉此，查该案前奉腾戌冬府警字第
八九六三号电令查复有案，惟查与玉光原日代电略有不符，吴玉光原日代
电所称被抢自卫手枪，系为左轮，前电谓系驳壳，兹奉前因，理合备文呈复
钧长察核办理，实为公便！

谨呈：县长赖

湖雷镇镇长　张绥培[①]

　　之后，沈福余用怎样的手段将案件私下了结，官方档案中就一概不清楚
了，只知在一月底时，这批曾经被抢的私盐又重新回到库中。县盐务支局将
这批私盐与县政府在 1945 年十月间缉获的私盐共计二十担七十八斤做统一
处理，拨给县保安三团。虽然公然藐法的走私头目没有被惩处，但被缉查出
的私盐好歹追缴回来了。

　　以上这个案件出自永定区档案馆所藏的永定县政府民国档案《私盐卷》
（1945—1949），案卷中以这一案件为主，包括其他几份与私盐有关的公文，共
计 24 份电文，7000 余字。永定地处闽粤交界，私盐问题自两宋就颇为泛滥，
民国时期粤区私盐多由永定的芦下坝进口，冲销汀属各县，甚至销往临近的
江西地区。面对泛滥的私盐，盐务局有过许多禁私举动，但永定的私盐总是
处于"禁而不绝"的状态。本案中，沈福余和他的万鸿号贩私售私行为昭然若
揭，然上至县长，下至普通缉私盐警和保安团，都视若无睹，甚至让他三分，其
中原因是多方面的。

二、私盐的产生与缉私策略

　　食盐贩私是产自食盐专卖制度下一个敏感而又复杂的问题。盐税自古便

---

　　① 《湖雷镇镇长张绥培呈文》，1946 年 1 月 18 日，《私盐卷》（1945—1949 年），永定区档
案馆，档案号 C84-3-872。

有"裕国便民"之用，官方一向对其极为重视，严禁贩私售私，民国时期更是设立专门的盐警，并调派地方军警民团协助缉私，因此便有了上文中吴玉光和笙竹自卫队稽查私盐的情况。对于民国时期私盐问题的研究，近几十年来学界主要从盐政、盐法的角度来评议，分析私盐产生的制度性因素，如官盐价高而私盐价低、缉私力量有限难以保全、军警贪利包庇、食盐供需失衡等[①]。此外，也有不少学者尝试从民国的社会状况来分析各地私盐的运销与缉私问题，比如两淮盐区的私盐运销与会党活动直接相关，一些大盐枭与哥老会、青帮等秘密会党相勾连[②]，而两广盐区则因海岸线长，监管难度大，政局混乱以致盐务废弛、官商勾结等因素而私盐泛滥[③]。

这些研究中，往往将盐商运私贩私与官方稽查视为对立的两面，或者简单地将官方纵容盐商贩私归结为"贪污腐败"。然而，看似两极对立的运私贩私与官方稽查之间，在基层操作上却有很大的空间。这一方面是因为身为国家公职人员的稽查税吏同时也是地方社会的一员，可能与贩售私盐的盐商有利益勾连，进而形成各级盐商、地方团练、缉私人员，以及政府公职人员组成的复杂利益关系网络。另一方面，由于中央试图将盐税全部引入国库，不仅攫取了地方政府的税收利益，也使得食盐的供给与市场相脱离，对于地方政府和普通百姓来说都很不利。因此，某种程度上讲，被盐务局禁止的"私盐"在地方上实际是被默许的。这是一种适应国家权力扩张和维护地方利益的适应性策略。

---

① 私盐产生的制度性因素，如丁长清认为归结于：中国海岸线漫长，缉私力量有限，食盐运送不便，交通阻塞，官盐价高而私盐价低，军警庇护等因素。丁长清、唐仁粤主编：《中国盐业史：近代当代编》，人民出版社 1997 年版，第 149~153 页。曹金发、董杰则认为，除私盐物美价廉，国民政府的盐政制度本身存在问题，军警、地方在其中有利可图，并且官盐供应不足也直接推动了私盐的泛滥。曹金发、董杰：《试析民国时期私盐问题的成因》，《中国矿业大学学报》（社会科学版）2006 年第 2 期。

② 如吴善中认为，太平天国战乱后，客民大量迁入苏浙皖三省，哥老会等秘密会社随之蔓延，并与江淮盐枭勾串牟利，得以壮大。吴善中：《客民·游勇·盐枭——近代长江中下游、运河流域会党崛起背景探析》，《扬州大学学报》1999 年第 5 期。杨呈盛、陆勇则指出，青帮就是罗教水手行帮与长江下游的盐枭集团结合的产物，这些盐枭都倚赖于特殊的地理位置与社会环境，发展帮会的武装势力来贩售私盐。杨呈盛、陆勇：《近代社会的变迁与长江下游的盐枭》，《许昌学院学报》2005 年第 6 期。

③ 参见于广：《1920 年代广东地区的私盐与缉私》，《盐业史研究》2017 年第 1 期。

　　私盐的产生，究其根本，在于政府对食盐征收重税，导致官盐价格远高于私盐，市场对私盐有旺盛需求，售私贩私有利可图。私盐的种类众多，在生产、运销的各个环节都有私盐出现。根据来源划分，私盐的种类主要可分为"场私"与"邻私"两种。"场私"即在盐场生产时就瞒报产盐数，然后将多出的盐斤销入市场，这样可以躲去高于食盐成本数倍的税额，被认为是"贩私之源"；"邻私"则指不遵守食盐运销的"引岸制度"，跨界贩卖，将低价销岸的盐引入高价处进行销售，从而牟利。

　　永定县是食盐运输的要冲，产自潮汕的海盐经韩江溯流而上，到达大埔县，再经由永定的峰市镇进入闽西赣南的广大边区。其路线有二：或往北进入汀江水系，销往上杭、长汀和邻近的赣南地区；或往东挑运到仙师，再经永定河至北山，然后挑运到龙岩。战后，由于局势动荡，军车贩私逃避征税的情况也比较严重。1947年8月，江西盐务边事处及上饶分处就在电文中指责永定县"由闽入赣军车常借武装贩运私盐，开关越卡，拒受检查，妨碍国课"[1]。

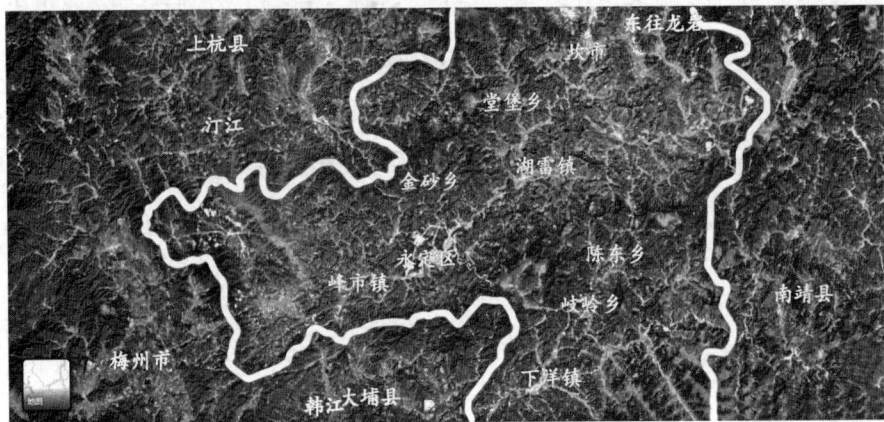

图 2　永定区地图

　　闽西诸县都属山区，均不产盐，官盐则课重税而价格高昂，因此走私旺盛。20世纪30年代以后，各地食盐仓价一般由省区盐务局以运销成本调定，产盐区的盐价低而边区盐价高。永定由于有河流之便，盐价较低，而更偏远

----

① 《奉转严禁贩运私盐由》，1947年9月4日，《私盐卷》（1945—1949年），永定区档案馆，档案号 C84-3-872。

的山区盐价则要高出许多，如 1948 年 6 月福建区调整盐价后，每担食盐在永定县峰市为 11000 元，龙岩为 13500 元，永安、长汀则达 17000 元。[①] 相邻县市间的价格差异也使得食盐走私有利可图。加上私盐价格低廉，且质量一般比指定的官盐要好，买卖也方便，受到民众欢迎。民国《永定县志》中就记载："永地与漳接壤，潮盐黑而淡，漳盐白而咸，敝金丰、太平二里及丰田之近漳者，概食漳私。"[②]

为了禁绝走私，永定盐务支局在峰市、芦市、芦下坝、坎市等地设立了盐务稽卡，对走私路线进行巡查。起初，各地设缉私署专管缉私工作，1945 年以后缉私署撤销，盐缉私工作划归盐政总局，在盐政局内设盐警管理处，负责保产护税及查缉私漏工作。因此，永定盐务支局下有专门的缉查盐警（1947 年又改称税警），配备枪支和弹药，驻扎在峰市等盐卡和各交通要道上，分班巡逻探查。同时，上级的福建盐务管理局也会根据走私的情况调派专门的盐警队协助缉私。

然而永定县食盐走私的量较大，以上文私盐被劫案中的数目，1945 年十月间仅县政府协助缉查到的私盐就达 20 担 78 斤，即 2078 斤，那么一年的缉私量在 2 万斤左右，光靠几十名盐警无法完成任务。为了加强缉私，只能依靠其他警力辅助。财政部盐政总局多次向各级政府移文，要求地方军政机关协助盐警查缉私盐："惟本局盐警为数无多，力薄难周。有赖各军政机关协助作普遍之查缉，以收杜私裕库之实效。"[③] 禁止私盐也成为各区、县长官的政绩考核之一，省政府电令地方派保安警察、民团保甲清查私盐。这样的情况下，县政府便需配合盐务局的缉私工作，调动保安团、警察局，甚至地方民团的力量协调查缉。

1946 年 8 月，财政部福建盐务管理局场警第十二队奉令由上杭县调驻永定峰市驻防，因原驻永定县下洋、角坑的第二十四队被调往他处，由第十二队

<hr />

① 《永定县政府食盐供应类（之一）》（1948 年），永定区档案馆，档案号 C84-6-172。
② 徐元龙等：(民国)《永定县志》，厦门大学出版社 2015 年版，第 184 页。
③ 《福建省政府代财政部盐政总局电令》，1946 年 8 月，《私盐卷》（1945—1949 年），永定区档案馆，档案号 C84-3-872。

接管。到任伊始，队长李照良便致函县长赖作梁请求他饬令下属各乡政机关对缉私队的工作予以协助配合。①这是盐警调驻的程序性动作，需要先与地方上打好招呼。1948年8月6日，财政部福建区闽西盐务分局又特意电请永定县政府转饬下属的芦下坝驻扎的军警协助缉私，电文中说道：

> 据本局峰市办事处报称，粤区私盐近来多由芦下坝进口，冲销汀属各县等情。查该处距杭窎远，本局鞭长莫及，相应电请查照敬祈转饬该处军警团队协助查缉，并将缉获私盐移解过局（或交峰市办事处）以便给奖为荷。②

可见，缉私盐警虽然隶属于盐务局而独立于地方政府之外，但由于人力有限，不足以独力完成缉私工作，在实际运作中还需要依赖地方上的警力。这也是地方政府能介入私盐问题的根本原因。同时，电文中"祈转饬该处军警团队协助查缉，并将缉获私盐移解过局（或交峰市办事处）以便给奖为荷"一句，则指出了县政府派军警分担缉私任务的关键动机，他们协助缉私不仅是奉上级财政部门的命令，更因为能获得相应的奖金激励。

三、地方政府与缉获私盐的处置

缉获私盐的处置是一个暧昧的问题，其流通和分配都很不透明，学界对此较少做深入研究。一般来讲，所获私盐运要至盐店或官运各分局变价后扣除缉私费用，剩余的一部分充作缉私赏款，一部分解库充公。但在实际情况下，则存在很大的操作空间。

为激励缉私，1915年盐务署公布《私盐充公充卖暨处置办法》，规定私盐充公后，全部按规定变卖，变价所得扣除缉私零支，一半拨归政府盐款项下，一半拨充缉私赏款。1929年财政部又修订公布《私盐充公充赏暨处置办法》，

---

① 《财政部福建盐务管理局场警第十二队公函》，民国三十五年九月五日，《私盐卷》（1945—1949年），永定区档案馆，档案号C84-3-872。

② 《财政部福建区闽西盐务分局代电》，1948年8月6日，《私盐卷》（1945—1949年），永定区档案馆，档案号C84-3-872。

规定"私盐变价及罚款除应提各项税款及缉私零支暨变卖充公盐斤物件所支各种费用外,全数拨充赏款"[①]。赏款分配分三种情况:由盐务部门缉获的,缉获人员六成,主管机关二成,报信人二成;由盐务机关与地方军警协缉的,缉获人员和协助人员各五成;由地方军警或官员独力缉获的,则全数奖给缉获人员。赏金的比例看似很高,但在实际执行中,扣除名目繁多的杂项支费后,落到缉私人员手中的寥寥无几。缉私人员因而常常与盐商勾结,或收受贿赂包庇纵容,或盐商将缉获私盐付给缉私人员相应比例赏金后,照官盐价格继续出售。

为了解决缉私组织腐败和缉私效率低下的问题,1945年盐务总局制定了《盐警服务规则》20条,以规范盐警行为。同年8月,又发布了《协助缉私裕库奖励办法》,鼓励地方军警参与缉私,并考虑缉获机关奖金为数低微,推出重赏奖励缉私的策略,明确规定将缴获私盐折价后的四成用来奖励缉私人员、所在的主管队部以及主办的盐务机关。这种奖励办法在缉私中发挥了很大的激励作用。其奖金的具体分配方法如下:

私盐及附获物变价款并司法机关所处罚镪之六成于扣除税款及缉私等费后,按十成分配:

(一)提给举发人三成;

(二)直接缉获人三成;

(三)协缉人一成;

(四)其余三成分为十成,计解库四成,解部二成,主办机关四成;

(五)无举发人及协缉人时,其应得奖款并发直接缉获人充赏;

(六)直接缉获人所得奖款提百分之二十,由主管队部人员分配,其余之数,由在场出力人员不分阶级平均分配;

(七)主办机关四成由盐务机关及盐警区部分区部分配;

---

① 郭卫、周定枚:《中华民国六法理由判解汇编 第六册·杂法》,上海教育出版社1934年版,第303页。

（八）直接缉获人员不得在主办机关成数内分奖。①

这一政策规定，无论是否隶属盐政，缉获私盐后即可取得相应赏金，大大激励了地方上查盐的积极性。闽西山区盗匪较多，永定县长期维持大量的保安团和地方民团组织。1935 年，永定县扩建自卫大队，下辖士兵 485 名，月费军饷 3800 余元；到 1948 年，永定县有四个常备自卫中队，分驻县城、下洋、峰市、湖坑等地，官兵三四百人。维护地方稳定的军费开支给财政造成很大压力。1945 年的县政府考绩表中，县长将筹措组织保安团作为下一年的考核目标，其中说道："本省崔苻未靖，各县保安团队素质不良，饷粮缺乏。今日县长之所最棘手者，实莫过于团队之整顿，及团费之筹措。"② 参与缉私，从盐政中分一杯羹，这给地方提供了一个重要的薪饷来源。

本文开头讲述的案例中，永定县政府在 1945 年 10 月间共缉获私盐 20 担 78 斤，变价后扣除缉私费用和举发人的奖金，九成作为食盐专卖利益和各项盐税附征数目，部分上缴，部分存留作为支局的支出费用；剩下一成则成为参与缉私的各部门的奖励金额。按当时盐税，一担盐缴纳 7900 元税金，2078 斤盐共得 16416200 元，地方财政和机关总共能够从中分到 1058300 元。

表 1　永定县政府 1945 年 10 月间缉获私盐的处置和所得罚金分配

本案缉私用费	提扣专卖利益及各项附征数目	举发人提奖三成	赏款分配					充公盐斤变价总数
			解库四成	解部二成	缉获机关二成	主办机关二成		
2200000	12704300	453560				主办机关又八成	主办机关又二成	16416200
			423320	211670	211670	169330	42330	

资料来源：《违反盐类管理案件没收物处置及罚锾分配通知单》，1935 年 3 月 14 日，《私盐卷》（1945—1949 年），永定区档案馆，档案号 C-84-3-872。

---

① 《福建省政府代财政部盐政总局电令》，1946 年 8 月，《私盐卷》（1945—1949 年），永定区档案馆，档案号 C-84-3-872。

② 《永定县政府考绩表之一（1-120）》（1945 年），永定区档案馆，档案号 A84-3-461。

除从缉私中获得奖金,私盐本身也可被地方政府拨款调用,解决食盐缺口。战时日本占据沿海盐场导致食盐供应紧张,战后又因物价飞涨而供不应求,地方政府长期陷入食盐短缺的状态。由于缉获的私盐是盐务局的额外所得,其处置缺乏上级监管,地方政府可以购买和调用,以保障保安团、学校的等机关单位的用盐需求。上述十月份缉获私盐即最终由永定政府纳税将私盐转拨给保安三团。此前县警察局在缉获无主私盐计56斤后,政府也电请盐务支局直接将其留资拨抵保安团军盐。[①]

总之,不仅贩售私盐是违法之举,地方上对缉获私盐的处置也是一个灰色地带。缉私人员与盐商为牟取私利,直接导致了私盐的泛滥,而地方政府虽在盐务体制之外,却也借盐务局盐警缉私范围和武装实力有限,介入私盐的缉查中来,并从中分得报酬和奖励。

四、地方政府对私盐的包庇

地方政府虽出于利益考量会参与到缉私之中,实际上却又不至于禁绝私盐,这一态度也值得玩味。私盐与官盐相伴相生上千年,有其存在的土壤和必要性,不仅盐商的贩私活动充斥着食盐的生产、运输、销售各个环节,政府对其的态度也不统一。从国家的视角来看,私盐会使官盐税收锐减,造成市场的混乱,而从地方政府来看,私盐背后的社会势力盘根错节,要想查禁有很大阻力,同时私盐在社会中也有广阔的需求市场,贸然禁止会导致社会动荡。

本文所引私盐被劫案中,政府在处理商人沈福余贩售和抢劫私盐时,虽然遵照程序成立调查组进行调查,却放任案犯逍遥法外,历时两个月也没有实质性进展。直至案件的解决,沈福余也没有因为贩私而获罪,只是将涉案盐斤交公。考察地方政府面对私盐的默许态度,可以从两个方面来讨论。

一是私盐背后的势力错综复杂,地方政府难以铲除。作为食盐运销的基层单位,县域社会关系盘根错节,永定县的盐商、盐贩、缉私人员、地方军警之

---

① 《永定盐务支局赖科员办理复函》,1946年1月28日,《私盐卷》(1945—1949年),永定区档案馆,档案号 C84-3-872。

间围绕私盐问题都有各自的利益考量。以万鸿号老板沈福余为例,他在湖雷镇"充积满街之肩挑摊贩,无非该号东靠堂溪壮丁队为护符",公然操控堂溪壮丁队为打手,以武装为他的私盐生意保驾护航,隐然是一方"盐枭",政府也无可奈何。永定县县长曾抱怨:"各乡之团队,大抵素为豪强之爪牙。"①同时,沈福余也凭借宗族关系得到在永定县政府任便衣队长的族人沈朝凤的庇护。沈朝凤则在1947年被任命为堂溪乡乡长,掌控一方,成为沈福余背后的一座靠山。官商勾结是传统县域社会关系中不可避免的一环。这样看来,私盐的存在揭示了虽然国民政府试图将对社会的控制落实到基层上来,但实际上其法律和命令却难以彻底贯彻。这种大权统一于一体的集权方式在地方的实践中要打折扣。

二是私盐存在的根本原因在于市场的需求。私盐价格低廉,且质量一般比指定的官盐要好,买卖也方便,受到民众欢迎。战后经济秩序混乱,物粮价格飞涨,食盐的运输成本增高,导致食盐官价节节攀升。仅1946年6月至1947年1月的半年多时间内,福建区盐价三次上调,永定县峰市的食盐仓价由6月份的11000元涨至10月份的13000元,到1947年1月又涨到15000元。更重要的是,官盐涨价的同时是食盐供应的极度紧缺。盐务局只能一度实行"计口授盐",每人每月配盐一斤:"每月一次配购公盐以济民食。食盐承销以乡镇为单位,选出某一商号或组成盐业合作社作为食盐售卖处,向峰市承购盐斤。每人月额配一斤。"②官盐短缺导致民众不得不购买黑市私盐。1946年9月,永定县参议会召开会议讨论民众的食盐困难,指出百姓因食盐短缺不得不从广东购买私盐:"民众食盐反向粤境购买,不特民食困难,且时受盐警查缉没收,自应改善以利民食。"③多个乡镇也向县长发电文请求加拨盐斤,满足乡民食盐需求。在这样的市场环境下,私盐不仅不能禁止,反而成为维护市场秩序和地方社会稳定的必要了。

---

① 《永定县政府考绩表之一(1-120)》(1945年),永定区档案馆,档案号A84-3-461。
② 《永定县政府食盐供应类(之一)》(1948年),永定区档案馆,档案号C84-6-172。
③ 《永定县参议会第五次会议决议》,1946年9月12日,《永定县政府食盐供应类(之一)》(1948年),永定区档案馆,档案号C84-6-172。

总之，地方上对私盐的包庇绝非"腐败"二字所能概括的，其背后是上层建筑与社会结构的深层矛盾。财政部总管全国盐政，统一征税的结果是稳定的税收来源，这是现代国家扩张职能的经济保障，但在县域社会的微观视野下，维持一个无限扩张的政府需要大量的成本，从边际效应上讲是不值得的，因而禁令的执行总留有空间。同时，国家无止境地榨取民间财富，其结果必然是民贫民困，使社会失去生机。虽然国民政府在 1945 年推行食盐自由贸易，但随后金融市场的崩溃使得国民经济体制下地方无处可逃，盐荒成为私盐滋生的最大土壤。

五、结语

国民政府时期，中央实现了将关税收归国有，结束地方厘金制度，并将盐税、关税和统税等主体税收纳入国家税，由中央财政统一征收和分配。这些举措奠定了中国现代化财政制度体系，为国家职能的不断扩大提供了经济保障，在传统向现代化国家转型过程中发挥了重要作用。但在这个"强国家"国民政府的统治下，县级地方政府一方面因厘捐制度废除，主要财权被收归中央，另一方面又增加了教育、卫生、治安和剿匪等诸多职能，财政捉襟见肘。尤其在战后经济凋零、中央财政紧张的情况下，地方政府和县域社会需要竭尽所能地拓展自己的运作空间，巧妙地利用中央的各类政令，实现自身利益最大化。

考察地方政府在查禁私盐一事上若即若离的态度，可以看到，一方面，私盐的稽查往往由地方军警参与甚至主导，缉私所得的奖金减轻了县级财政供养军警的压力，而缴获的私盐可以由地方申请调配，解决保安团、学校等公务机关的食盐需求。另一方面，由于私盐牵涉着地方上盘根错节的各种势力，加之战后经济混乱，官盐供应严重不足，乡镇食盐缺口很大，这种情况下，县级政府对私盐只能视之不理，甚至采取包庇纵容的态度。县级政府在私盐利益中的游走为我们提供了一个观察民国中央与地方关系的窗口。

盐政问题本身是财政问题，由中央财政负责管理，但在基层上食盐又行销于地方的空间之中。若地方无利可图，那么政策就难以施行。在中央财政的层层压榨和不断攫取之下，私盐最终成为地方的一个利益空间。县级地方政府作为在现代化国家建立过程中职能逐渐扩大的地方权力机构，既依托着国家权力的合法性而遵守上级的指令，同时又需要在地方与中央利益冲突时协调矛盾，利用制度空间来为自身所在的社会套利，保障地方的活力。可以说，统一的盐政和泛滥的走私体现的是中央与地方日渐加剧的矛盾。

1945—1949年间永定县私盐问题述略

林东蔚

　　自汉武帝元狩四年（前119年）以来，中国各统一与分裂政权大都实行盐铁专营政策，直至今日犹然。专营官盐多限定地域，划分供给范围，这使得私盐、官盐之分愈加明显。历史上，闽西地区也受到了私盐贩卖活动的强烈影响，并因此由南宋朝廷规定的福建盐转向优质廉价、方便运输的潮盐，从这以后闽西地区成为闽粤赣边区盐粮流通网络的重要一环。1944—1945年，国民政府恢复征税制，将盐务总局与盐政司合并改组为盐政局，后改称盐政总局。同时，国民政府放弃官收官运，以民制民运民销为原则。这种制度转型期的冲突张力，为1945—1949年间的私盐事件提供了制度背景。这一时期，永定盐务主要由福建区永定盐务支局管理。案卷中《违反盐类管理案件没收物处置及罚款分配通知单》《收税放盐及运盐凭单》可以为我们提供相关的制度依据。在案件方面，吴玉光被劫案、孔仁福被扣案可以给我们一个私盐活动与缉私运动的个例，而关于缉私措施的电报则可以让我们观察缉私体制的运转。本文主要根据今永定区所藏档案，探究1945—1949年间的私盐事件与盐务制度。

一、制度背景

　　1927年，南京国民政府成立后，盐务机构频繁进行变更。到1937年4月，盐务总局改组成立，成为主管全国盐政的最高机关，并在抗战期间实行盐专卖和战时管制措施。1944—1945年，国民政府恢复征税制，将盐务总局与盐政司合并改组为盐政局,后改称盐政总局。同时,国民政府放弃官收官运,以民制民运民销为原则。但地方盐务机构很大程度上仍因其旧,其中永定县属福建盐务管理局。这种制度转型期的冲突张力,为1945—1949年间的私盐事件提供了制度背景。

二、永定县盐务管理体制

本卷以私盐案件为主,但也能从中管窥出永定县盐务管理体制之一隅。当时,永定盐务主要由福建区永定盐务支局管理,案卷中《违反盐类管理案件没收物处置及罚款分配通知单》《收税放盐及运盐凭单》可以为我们提供相关的制度依据。

三、永定县盐务管理案件

本卷档案中,最复杂的案件便是芦市稽查员吴玉光被劫一案。此案涉及面极广,包括吴玉光所属福建区永定盐务支局、永定县政府、案件事发地的湖雷镇公所、自卫队等机构或团体。此外,还有孔仁福私盐案、保安三团私盐案等。其中可以看出,私盐贸易牵扯到许多方面,包括盐务支局、县政府、镇公所,乃至福建省第六区行政督察专员兼保安司令公署和地方的保安团、自卫队,牵动着永定地区的军政大局和社会经济。

(一)闽西地区的私盐传统

从古至今,闽西地区都是闽粤赣边区的一个重要组成部分。所谓闽粤赣边区,即指福建、广东、江西三省的交界地带,是客家民系的大本营。闽粤赣边区境内重峦叠嶂,故而以水运为主,充分利用汀江、梅江、赣江三条河流,并通过汀江与梅江合流后的韩江经潮汕地区出海。

"八山一水一分田"的地理样貌,限制了闽粤赣边区的粮食与食盐生产。对水运的利用,则为边区居民开辟了另外的渠道。随着南方山区的开发,南宋以后,闽西和粤东地区均逐渐出现地狭人稠、粮食不足的问题,而闽西和赣南地区又长期处于统购路途遥远的福建盐和潮盐的困境。因此,以水运为纽带的盐粮流通开始在闽粤赣边区逐渐形成。其中,私盐问题及与之密切相关的流寇骚乱一直到嘉靖以后才有所缓解。雍正年间,闽粤赣边区大都纳入了潮盐销区,闽粤赣边区的盐粮流通被纳入官方体系。值得注意的是,现属永定的峰市(时属上杭县)是陆运转水运之处,足见今永定地区在闽粤赣边区盐粮流通网络中的地位。

进入民国,福建省于1912—1918年废除盐帮、完全官运专卖,而1918年以后实行的自由贸易政策并没有顺利开展下去。1927年,在南京国民政府控制下,福建实际实行引岸专商制度,这使得盐税繁重,官商勾结,专商赚取了大量利润,底层盐贩与民众难以获益。而运输条件与自然灾害又限制了水运的展开。这些因素都使得私盐活动在闽西地区重新兴盛起来。据研究,1927—1937年间,福建地区的私盐贩卖者主要有盐枭(武装私盐商人)、盐民(渔户、船脚,后者即盐商助手)和盐商三大类。其中,永定以盐枭和船脚为主。

福建有关部门在抗战前也积极采取措施应对私盐问题,包括正式改为自由贸易制度,通过清查积盐、盐坎登记、盐民登记、改良盐坎等方法改善官盐环境,立法制裁,整编缉私队伍等手段,取得一定成效,但并未根治。值得注意的是,包括永定在内的闽西地区在1929—1930年间是苏区的一部分,其食盐供给受到国民政府经济封锁政策的深重影响,也因此发展出自身的特点。在苏区党政官员鼓励对外买盐、自主熬盐的背景下,国共交界地带的民众形成自发贸易的势头,如位于江西、福建交界处的黄岭地区便一度繁荣。这是私盐的一种特殊形式。

(二)国民政府盐务制度变革

自1927年南京国民政府成立以来,国民政府因国内外经济社会形势的不断变化,多次对盐务制度进行调整,其中大致可以分为三个时期。

1. 1927—1937 年间国民政府盐务制度

国民政府对盐务的重视由来有自。早在 1926 年 4 月，政府就将两广盐运司及稽核所同时裁撤，改置盐务总处，直隶财政部。1927 年 6 月，南京国民政府成立，便于财政部内设盐务处，旋为继任财长孙科所裁撤，仍旧恢复稽核与缉私机关。真正做出重大调整的仍属财政部部长宋子文。他大力提高稽核机关的地位，于 1930 年将下关掣验局改归稽核总所管辖，1931 年将缉私机关改隶稽核机关，1932 年将行政机关人士改由稽核人员兼任，并在 7 月呈经行政院核准任命盐务稽核总所总办兼任盐务署长。

然而盐务改革并没有结束。1932 年 4 月，国民政府成立盐政改革委员会，直隶行政院。1937 年 7 月，国民政府将盐务署、盐务稽核总所及其所属各机关次第裁撤，于财政部内设盐政司，另设盐务总局，并由盐务总局通电各区改组成立盐务管理局及盐务办事处，盐务总局成为主管全国盐政的最高机关。至此，国民政府基本统一盐务管理。

2. 1937—1945 年间国民政府盐务制度

这一时期，抗战全面爆发，日军侵占了大片沿海地区，严重影响了国统区的食盐供给。因此，国民政府对地方盐务机构进行一系列调整。其中，广东、福建沿海多地沦陷。1939 年 10 月，桂林行营决定设立江南盐务特派员办事处，负责统筹粤桂湘赣闽浙六区的运盐屯销及调节产销诸事宜。1942—1943 年，国民政府再次实行盐专卖，并进行新一轮改组，其中闽西地区属福建管理局，并由浙闽视察室负责缉私督察。

3. 1945—1949 年间国民政府盐务制度

不难看出，1945—1949 年，国统区盐务制度经历了一个由盛转衰的过程。1945 年初，在战时管制措施的基础上，盐务局成立，后改称盐政总局，标志着盐务机关最终合一。福建则由福建盐务管理局统辖相应事务。1947 年，盐政总局仍改称盐务总局，"掌理全国盐务行政及有关业务，并兼管盐警事宜"，至此盐务机构之职权达到巅峰。另，根据永定县有关档案，此时有福建盐务管理局、闽西盐务分局和永定盐务支局。

四、永定县盐务案件分析

(一)吴玉光被劫案

此案是该时期永定县盐务案件牵涉最多、影响最大的事件。吴玉光是隶属于福建区永定盐务支局芦市卡的稽征员,在前往湖雷镇缉获私盐的过程中被从事私盐生意的沈家公然打劫,被抢去功盐和自卫手枪。他在1945年12月26日向盐务支局的呈报中称:"窃职前服务芦市卡,在湖雷缉获私盐一批计11担,业经职缉〔77〕号呈报在案,为时两月,未蒙赐示。查湖雷方面大批私盐皆由该万鸿号东沈福余专售,即充积满街之肩挑摊贩,无非该号东靠堂溪壮丁队为护符。日前由家乡人来峰称该号东迭托沈朝凤(即县府便衣队长)转托旁人周旋,谓'吴沈两姓过去感情甚好,再免误会,情愿悔过认罚,至抢回功盐,听由县府及盐管局处理'等语。职查当日抢夺功盐确系完全堂溪壮丁,但湖雷为永定辖中心典范乡镇,公然白天抢夺功盐,蔑法已极。闻县府派警局卢组长钟光并县府中队长黄占新及湖雷镇公所三方面调查,结果若何事实,据本局王股长往湖雷会保时曾顺便以此事向张镇长绥培询问,据答'吴君缉获私盐完全不知'等语,不免由于该恶势力威胁。关于自制左轮手枪有云该号东当时交张镇长,又云交黄占新,又云职有暇返湖商谈此事、情愿悔过道歉,职俱未敢擅专至有不合规章,惟有听由公家彻究处理,合将上项情形报请钧长,再函催。县府严追功盐及枪款等项,并乞迅予示遵再者。闻县府饬湖雷镇公所令文以职被抢之左轮误为驳壳,是否为录事误笔以致久搁未复,合并陈明。"

在本卷档案的公文往来中,永定盐务支局、永定县政府、湖雷镇公所等方对吴玉光被抢的自卫手枪是左轮还是驳壳这一问题没有确认,但也都承认了吴玉光被劫这一事实。据民国三十四年(1945年)《永定县志》,沈氏和吴氏均系当地望族,这从吴玉光的转述中也可见一斑。换言之,即使是出身当地望族的稽征员,也难逃被私盐从事者公然挑战羞辱的可能。更遑论沈氏一族还有担任永定县政府便衣队长的沈朝凤为之撑腰。由此可见,当时的私盐活动已经到了较为猖獗的程度。

（二）孔仁福被扣案

此案也与永定县当地豪强势力有关。据湖雷镇下寨堡堡民孔仁寿呈称："窃民弟孔仁福于一月廿日前往下洋购办食盐，与本族孔智星于廿一日由下洋返湖途中之檬林里地方，突遇笙竹自卫队三四人荷枪实弹，将民弟及孔智星并所购之盐七担拦截，谓系奉令当即迫将人货一并押往其自己队部。一路攀藤附葛，当到达时即有张炳光出而诘问，不待答复即强称，伯公凹枪案系属湖雷人，故须扣留，又强谓民弟孔智星与抢案有关，须待审问云云，旋即将食盐七担放回，着民弟及孔智星出立收据，继又对孔智星谓其并无干涉，民弟则须送县等语。迨至下午五时，乃将孔智星释放，而民弟则仍在扣留，难保无严刑酷打情事。民初闻音信，未知实况，刻因孔智星已抵家门，始悉其详，忖思民弟性质纯良，尽人皆知，且常往下洋采购货物，兹竟枉诬控，显系有所用意，似此中途拦截、诬良为匪，若不仗法追究，行旅何安？为此恳请钧长据请转呈永定县政府，饬令迅将民弟孔仁福释放，并予将实施拦截诬控者依法究释，不胜感戴。"

换言之，以张炳光等人为代表的笙竹自卫队，假借打击非法贩盐运动的名义，行欺压百姓之恶事。孔家似乎也并非毫无势力，湖雷镇镇长就提到"该下寨孔姓民众莫不同声请为究办"，可见孔氏一族彼时尚且有些力量。《永定县志》中亦载，"丰田里湖雷、下寨较为富庶，清代有登科甲者。"镇长张绥培则表示，"因事涉笙东自卫队违法，本所无权过问"。由此观之，当时自卫队在地方上的势力不容小觑。

五、永定县整饬盐务措施

（一）取缔部队私运盐斤

当时，许多部队以军食需盐为由，利用部队的身份优势从事运盐工作和私盐贸易。而就福建及周边地区而言，私运盐斤的一条主要路线正是由闽入赣的传统盐粮贸易路线。这已经引起了福建省保安司令罗树生和衢州绥靖主任余午铣的重视。财政部对此规定了更为严格的部队食盐配给制度，并电请军事委员会下发实施，其中包括：

1. 军人运盐，应严行禁止；

2. 各部队军用食盐应照规定由后勤机关统筹购买，其因部队移动而携带原买军用食盐时，应由后勤机关证明文件以便查验；

3. 各部队军用食盐之必须就地购食盐，应购已税之盐，在接近盐场地带、盐场尚未完全恢复管制以前所购，如系未税之盐，应一律照章缴税，取得盐务机关所发之单照为凭，不得借词强求减免，以维库收；

4. 严行取缔军人护私运私，以期杜绝私漏。

（二）协助缉私及奖款分配办法

因应盐务机关人手不足的状况，财政部盐政总局发布局通〔卅五〕字第37号通令，而福建盐务管理局也因地制宜提出了新的奖款分配办法以鼓励协助缉私："私盐及附获物变价款并司法机关所处罚锾之六成于扣除税款及缉私等费后，按十成分配：（一）提给举发人三成；（二）直接缉获人三成；（三）协缉人一成；（四）其余三成分为十成，计解库四成，解部二成，主办机关四成；（五）无举发人及协缉人时，其应得奖款并发直接缉获人充赏；（六）直接缉获人所得奖款提百分之二十，由主管队部人员分配，其余之数，由在场出力人员不分阶级平均分配；（七）主办机关四成由盐务机关及盐警区部分区部分配；（八）直接缉获人员不得在主办机关成数内分奖。"

这份由福建盐务管理局拟定的新办法，经由财政部批准后，在永定县落地时，又牵涉到福建省保安司令部、福建省第六区行政督察专员兼保安司令公署、永定县政府等军政机关。其中，福建省保安司令部与福建省第六区行政督察专员兼保安司令公署是该项办法的批准者。

（三）盐警调防进驻

此点也与传统盐粮贸易路线有关。闽西盐务支局鉴于粤盐私贩入闽，向永定县政府提出调防："据本局峰市办事处报称，粤区私盐近来多由炉下埤进口，冲销汀属各县等情。查该处距杭驾远，本局鞭长莫及，相应电请，察照敬祈转饬该处军警团队协助查缉，并将缉获私盐移解通局（或交峰市办事处），以便给奖为荷。"而峰市正是闽粤赣边区盐粮贸易网络中的一个重要节点。不过，这次调防被县政府批示暂缓办理。

六、结语

从本卷档案的有关内容中，我们可以发现，本时期永定县的私盐活动仍旧较为猖獗，原因是多方面的。一方面，私盐贩卖者可能是当地望族，并且家族成员在县府中身居要职，甚至拥有一定规模的家族武装力量，也存在着部队利用特权走私盐斤的现象；另一方面，盐务管理机关的人手不足，奖赏条件又不具有吸引力，且存在地方豪强以缉私之名行霸凌之实的扭曲。简而言之，永定县的私盐活动和缉私措施都离不开武装力量这一前提。无论是走私者还是缉私者，大都需要寻求武装力量的保卫。这反映出本时期永定县的社会情况仍然不够稳定，地方豪强的势力依旧庞大，甚至县长和操办盐务的科员，都是永定赖氏的成员。换言之，虽然国民政府在中央层面实现了盐政等事业的统一，现代国家制度还没有在永定真正地落地生根。相对的是，永定县的私盐活动仍然在一定程度上受到明清以来闽粤赣边区盐粮贸易路线与网络的影响。

民国时期永定盐运行业股东大会概况

苗伊博　王恩泽　吕　芳

民国时期，福建永定为保证盐运事业的发展，成立了盐运处股东大会。然而，因为盐运股东会内部所存在的利益冲突，各股东之间的矛盾与冲突就不可避免。我们通过翻阅、整理民国时期相关盐运档案记载，查询了当时具有代表性的股东会议记录，主要事项包括决定股东名字、股额股票的有关决定、股东配额的问题、股东之间的利益纠纷以及有关盐运的各种事项等。其中还记录了新发布的盐政规定、资金报销记录以及关于食盐运输的各种书信往来。[①]

民国时期，福建永定为保证盐运事业的发展，成立了盐运处股东大会，永定、靖定两县的各个盐号缴纳股金均可加入股东会。股东中有众多大小盐号里具有影响力的人物，在股东会内部会议里，决定永定、靖定两地的食盐运输情况，并制定行业内的规范，使盐运业有条不紊地发展。然而，因为盐运股东会内部所存在的利益冲突，导致各股东之间的矛盾与冲突。通过解读会议记录，我们不仅能了解案情，更重要的是，我们能清楚地了解到整个股东会的结构层次、人员配置、人员分工、股东配额等具体的情况。

档案记载的一个具有代表性的案件就是盐运组织监理会成员谢海兰的妻子灵氏指控盐运总处会计股股长江克刚卷款逃跑，盐运总处正经理江慨民，盐运组织监理会常务监理林蔚民、吕敬齐等人为江克刚公证灵氏的指控为诬陷。江慨民等人陈述了事实，公开作证，并将股东会的会议记录提供给官员请求公正。

---

① 《永定县政府食盐运输》(1946年)，永定区档案馆，档案号84-6-200。

股东会里共有 35 名股东的名额,需要缴纳股金方可入会,并且共同订约四家铺保。股东必须在约定的 5 日内完成任务并交货,逾期会被取消股权。股东会议讨论决定由冯廷荣、谢海兰两人分别负责永定、靖定两地股金的收取,收齐后由洽茂、冯廷荣两人负责保管。股东会还公推 7 人担任盐运组织监理会,谢海兰也是其中的一位。谢海兰、江克刚、江慨民等人同时都是盐运总处的创办人之一。谢海兰的妻子诬陷江克刚卷款逃跑一事,很大原因就是这两人都享有很高的地位,均有股金等财产经手权而导致的利益冲突。

股东拥有的权利很高,比如总处股价和各站站员、稽查员等人,由各股东负责介绍,并保证交给经理遴用人员并派遣任用,各股东可就近前往站点,收取股金并交到该站,再由站长及时出纳上交,按照交给股东的数量去盐运总处换股票。除此之外,各盐运站的站长几乎都由股东担任。可以说,股东成为盐运处里最为重要的成员,也是永定、靖定盐运业的领军人物。

股东还拥有着事项决定权,比如运盐是否停止或继续,站内人员的调整,总处办公处搬迁,站内人员薪金发放等问题。从江慨民为江克刚诉冤的呈文中,我们能看到另一个事情的经过:山三线盐运处事在 1942 年 4 月以江克刚的名义向山城盐务支局约定承担约 5000 担盐。本来可以按期完成任务,但是因为盐局存储的盐告罄而导致亏损至 10 月底才结束。按理请求补发运费拖延了很多年也未获得批准。总计亏本 15 万余元,除股本 7 万元外,每股平均摊在各股东身上 3500 元。这些盐运的各项对外事务的联系都是由股东负责。

1942 年 11 月 18 日,在第三次股东大会会议上,盐运处主席江慨民针对盐运处账目账表等存在账目金额的问题,决定对账目进行审核。对应收未收、应付未付等问题进行账目上的收清和核对,还有监理经费、津贴,股东出差的经费、食宿费等,对财务上的账目进行了详细的清理和核查。在第四次股东会议上,股东们又讨论了在核查过程中出现的问题。例如,冯廷荣卖洋油为股东会创收,也得到了公正的解决,一半归公,一半归私,其他股东也一致认可这一决议。

在关于股东配额的问题上,永定盐运事业曾遭遇过一些困难,与此同时也迎来了两批盐运。当时还曾特意召开一场会议来讨论这些问题。后来他们决定以 30 股为上限,以四股东为原则,并决定了添股与退股的方案,股票要重新印发,第二批盐续运的问题也妥善解决,决定起运日期,以及规定这批盐运所得的利润要存入银行。订约负责人由江慨民担任,铺保由永定一方派人担任。

在接下来的第六次股东会议中,永定一方详细讨论了两批盐运的具体事项,决定将 800 担作为第一批,4200 担作为第二批。这种做法,使盐运更加安全。同时把存在洽茂商号的钱全部取出存入银行,将其中的利润全部充公。没有存入银行的钱也要确定数目后存入银行,并规定这些钱只能在危急关头才能使用。这种留下安全金额的措施,保障了永定盐业的发展,当遇到某种不可抗力时,可以用这笔钱渡过难关。会议最后决定要积极进行今后的赔款问题,增加永定盐业的信用。

永定盐业开始逐渐发展时期,盐管局发布通知要调整盐价——每担上涨1700 元。即核定渔盐仓价每担 3700 元,农工盐仓价计每担沿海 3700 元,腹地 5400 元,边境 7900 元,但是沿海属近场的十六县暂免调整。福建省属于沿海省份,想必不用升高价格。这份通知,毫无疑问使得永定盐业比其他地区的盐业有更大的优势,可以更好地发展。

在盐价上涨的同一年,永定盐业与其他地方发生了一场冲突,简单来说是中丰乡的戴国光少交了官盐 406 市担 47 市斤,永定县政府责令追赔。这也是盐价上涨所带来的弊端。有人为了牟利,少交私藏,然后在他地卖出。虽然这件事结案已久,但戴国光久久没有来局洽谈商量清算。1935 年 12 月,福建永定盐务支局发电,询问这件事到底办理到了什么程度,并要求戴国光速来洽谈追赔损失。信件中还点名批评中丰乡敷衍了事,永定县态度严厉,表示绝不允许这种事情再发生。然而,就在这封信发出二十余日后,中丰乡毫无反应,那封信如同石沉大海。于是福建省永定盐务支局又发送了一封信,催促案件快速办理的同时希望可以了解该案件办理的进程。在此之后,该案件终于有所进展,戴国光最后也进行了追赔。

同年七月,福建省发布了一项通知,写明经过查看当前盐政,奉令采取自由贸易制度,任何商民都可以交完盐税后自己运送食盐去市场卖盐。当然,任何新规定刚开始发行的时候都会有一些反对的意见。这次也不例外,地方人士对此项新规并不了解,商人也未能通晓其中道理。财政部盐政总局参酌本省情形编订的《福建区商民赴场自由运销食盐须知》,对盐商有一些规定。

首先商民购运食盐时要一次性缴租税费,可以在同一税率区域内申报行销地点,自由销售,不加限制。这一点增加了商民贩盐的自由度,可以随着自己的方便来,想在哪里卖盐就在哪里卖。同时也命令了各地盐务分局及各盐场公署,对于申请完税的商人,他们不用问其行销地是否在该分局管辖范围之内,均可照收。这是对第一条的补充。为了不让官员对盐商进行压榨,所以明文规定不可对盐商进行妨碍。而且自运商盐不须签订契约,及觅具保证等任何手续,到地后自行行销,不必归仓。可见盐政总局是支持盐商自行运盐贩盐的,这样一来,盐商大多会自己卖盐,不再依靠官府。这是对盐商极其优厚的政策。除了这些,这份须知中还规定了盐的税费,为了避免发生拥挤情况,规定要按照缴税及运输工具到场的先后顺序来,为了避免商人偷奸耍滑而制定了一系列措施,例如发票、运盐单照的使用。一旦发现盐商有违反规定的地方,就会按照私盐论处。由此可见,这份须知十分注重公平合理。在这一个月里,福建省各地都在宣传这份须知,官署也对此进行大力宣传,要让所有人都知道这件事。有了这份新政策,福建省的盐业一定更加繁荣。

在这次案件背后,我们看到了各股东之间也是因为经济利益问题存在着矛盾与冲突,从而导致这次诬陷案件的发生。但是,从案件中,我们更看到了永定人民为了自我经济繁荣发展所做的贡献,这种民主的经济共同体的观念已经在他们心中建立起来。可能盐理会并没有特别完美地解决股东们盐运中的利益分配问题,但是盐理会给盐运行业带来了一定的发展。

通过查阅研究档案,我们对福建永定民国时期盐运行业股东大会有了一定了解。在解读股东会议记录过程中,我们不仅能了解案情,更重要的是我们能透过各种案情了解整个股东会的结构层次、人员配置、人员分工、利益纠纷、股东配额等具体情况。

1946 年度永定县盐务法规略析

汪 洋

　　一日三餐不可缺少的就是盐，食盐虽小但作用大，事关国计民生，所以食盐的贸易就非常容易获得高利润。古代食盐的生产最简单的方式是用海水来晒，只要临海，划块地就可以晒盐，有海水，有太阳就可以了，四川还有盐井，内陆湖也能生产食盐，基本上算是无本万利。盐在生活中不可或缺，每个人都需要，而且无可代替，长时间不吃食盐会衍生很多病变，因此对食盐征税税收基数特别大，盐税收入巨大，是国家财政收入极重要的一部分。

　　古代以及近代相比现代，物流并不发达，中国面积广大，但盐资源分布极不均衡，一旦地方食盐出现短缺，靠中央调拨是来不及的。食盐无可替代，一旦出现短缺，就算用十倍二十倍的价格去卖也会有人买，这就会对当地民众造成严重的伤害。所以，如果任由私人控制食盐买卖，很容易造成不良影响，不利于社会的稳定，官方控制的话更易于平抑盐价，稳定市场，稳定社会。因此，从古至今，政府都会有严格的盐务法规，严厉打击私盐，进行统一的调控与配给，确保各地食盐不会出现短缺的情况出现。

　　本文依据福建省龙岩市永定区档案馆藏民国《永定县政府盐务法规》档案，对当时盐务法规的内容进行收集、整理、摘录并加以分析。结合当时的时代背景，还将之与其他朝代的盐务法规进行对比分析，折射出当时那个时代背景下，国民党统治区的人民生活状态。[①]

　　1945 年抗日战争结束，国民党一方面假意与共产党展开和平谈判，另一

----

① 《永定县政府盐务法规》（1946 年），永定区档案馆，档案号 84-6-188。

方面加紧部署军事力量，双十协定签订后不久，国民党撕毁协议，悍然开战，解放战争爆发。从爆发开始至 1947 年 7 月，共产党领导的军队处于战略防守阶段，国民党对全国许多地区包括福建在内，都还有实际控制。在国民党统治区内，国民党也通过颁布一系列的命令法案等，来逐步恢复由于战争被打乱的法制体系。

一、《收复区盐务复员紧急措施实施办法》

国民政府财政部电送《收复区盐务复员紧急措施实施办法》（以下简称《办法》）至各收复区地方政府。规定所有收复区内，除台湾与东北各省，均应根据《办法》来逐步恢复盐业的管理。

首先各区政府应派专员接管各区盐业事务，并设置河北、山东、苏北、苏南等各区盐务机构。各个地区的管理局长应尽快到达管理局所在地接收财产、存盐等等，并恢复正常业务。河北、山东、苏北、苏南四个区，先行遴选干员，立刻前往准备接收工作。

各区的盐务机构应参考战前编制，并考察斟酌当地交通以及业务的实际情况，迅速恢复办公，设置各级盐场公署，管理场务销地机构等等。

二、清查存盐

接管各地盐务仓坨，清查存盐的方法如下：

各收复区的存盐，仓坨设备等等，应立即封存，进行清查登记。在销售之前应予查验，不合格的存盐不能充当食盐售卖。

凡是敌伪以及敌伪租赁的公司，其资产、食盐以及一切设备，都没收充公，民有的存盐厂房等，依然归原主所有，但应登记，便于管理，商户所有的存盐，依然准许依法销售。

以上没收的敌伪资产、存盐、设备等等，由该区金融特训员盐务机关人员命令盐务机关的人员清查接收，如果金融特训员还未到达，则由本部委托进入该收复区的部队，以及行政机关暂时代为封存看管，等到金融特派员或者盐务机关人员到达后，再进行移交清查。

三、存盐运输

配备交通工具，加紧赶运滞销存盐的方法如下：

应与交通机关密切联系，充分调动运输工具，将各场岸仓的存盐，以及后方的屯盐，加紧赶运至各地满足销售需求。

距离产地较远的地区，为了供应民众日常需求，防止食盐短缺，依然实行配运制，以招商的方式代替运输，或者委托商运，具体配运量应按照各区的人口统计，以富裕宽松的原则配给食盐。

各个产盐省区，一律开放。

盐在配运时，仍按照章程由盐务机关办法单照，无单照者以私盐论处。

四、盐业工会指导委员会与《各区盐业工业指导委员会设置办法》

1946年二月，永定县政府收到电报，主要内容为要求各盐区设置盐业工会指导委员会，具体实施办法参见《各区盐业工业指导委员会设置办法》。

设置盐业工会指导委员会的目的是加强指导并筹组各地盐业工会。各委员会指导区域为各个盐务行政区域，由社会部、财政部、区盐务管理局、省社会处各派一人组成。若指导区域有跨越二省或二省以上的，每个省社会处需要各派一个人参加，或者由社会部从各省中指定某一个省派员参加。社会部与财政部令指定一人为指导委员会常务委员，主持日常事务。同时，委员会还设秘书一名，以及总务指导两组主任，以委员兼任为原则，干事二到四人，雇员若干，由委员会向有关机关调用，必要时可一至三人的专任人员。

指导委员会每半个月应举行一次会议，同时，工作计划工作报告等等应分别呈送社会部与财政部备案。委员会的经费由委员会编纂，呈请社会部财政部核定之后,转给各区盐务局,按月拨发经费。

指导委员会的职责如下:

执行上级机关颁发的一切关于盐业工会的命令;

规划并考核指导区域内各盐业工会的工作;

筹划组成指导区域内各场盐业工会;

指导筹办各场盐工的福利事业;

其他关于盐业工会的指导事项也在指导委员会的工作范围之内。

五、商民运销食盐

国民政府允许商民依法到盐场自由运销食盐,具体规定如下:

商民到场自由运销食盐,按照核定税率,四个季度一次性缴纳税费,可以在同一个税率区域内,到原先申报的销售地点自由销售,不加以限制。但若有夹私或者向税率较高的地区销售的行为,均以私盐论处。

自运商盐与承运官盐不同,自运商盐除了缴纳税费、领取单据护运之外,无需签订契约。

自运商缴足江西全部税费,到盐场领盐,从内线(取道闽西闽北内地),到江西省销售的,到达地点可自由销售,不必归仓。

商人,如果有经常运输大批闽盐,取道长江向安徽、江西、湖南、湖北四个省销售的,应该向南京财政部盐政总局登记。

运输食盐,向本省销售的,每担税费三到四百元,向腹地销售的,每担四到五百元。

六、运销单据

关于缴纳全部税费,到盐场领盐,然后领取单据运输销售的,也有具体规定,以下为部分规定:

商民购买并销售本省食盐，缴纳全部税费之后，开给销盐准单，凭单据领盐，并凭护运联或者护运单护运。

商民在销售区缴税，到产盐区领盐的，销售区机关应填运盐称放准单，商民持单到产盐去领盐，领盐后由产盐区机关换发运盐单据护运，运达销售区后换取销盐准单。

商民领取到的运盐单内，须注明启运与到达日期以及销售地点，运盐商人如果在运盐途中，若自行篡改运盐单，或运盐单逾期失效，一经查获，均以私盐论处。

七、盐警

此外，国民政府对于盐务场警有着规定，向各盐区下发《盐警服务规则》，部分内容如下：

盐警的性质是特殊警察，除了法律有特别规定之外，受普通法律的制裁。盐警官警应该遵守纪律，注意风纪，必须绝对服从上级命令。

盐警负责清查产盐量、盐场警卫等工作。其中，警卫工作的具体工作范围为：

禁止与制盐无关的闲杂人等进入制盐区域；

检查并登记自己所驻防区域内制盐人户以及盐工的勤惰情况、卫生状况、生活情形；

考察、调查并报告盐场防空设备，以及因空袭而损失的制盐器材等等；

保卫盐政机关人员的财产；

维持所驻区域治安；

关于其他交办的事项也在工作范围之内。

规则中强调，盐警在执行检查生产，或者缉私任务时，必须身着制服、佩戴臂章。检查生产任务完毕后，需要在各个地点的循环簿上签章，注明日期，以备检查。

盐警所管辖的防区之内，所有地点每天必须至少巡查一遍，生产旺季的时候，需要日夜分班巡查。

规则中还指出，在执行任务时，盐警必须要态度平和，手续严密，不可以疏忽傲慢。盐警不能经营盐业，而且不能被私人驱使做职务之外的事情，也不能接受制盐人员、盐商，或者运盐人员的馈赠等。

八、储盐仓坨

对于储盐仓坨，《储盐仓坨管理规则》有着明确的管理规定：

不论公私，所有储盐仓坨均按照此规则进行管理。

仓坨设在地应该冠以所在地的名称，在同一地有多个仓坨的，标明番号。

储盐仓坨应该保持清洁，并有防透私、防潮除湿的装置。

仓坨内所使用的衡器，应该在每天开仓之前，用砝码校准。

存入仓坨的盐，应按照每次、每户送盐的凭证，或者运盐单上的数量，依次分堆存放，加盖印章，并且粘上封条标记。盐存入仓坨时，应该按照进盐凭证，或者运盐单上所载的盐数，核实验收，并将进盐凭证或者运盐单号，将盐的种类、数量、启运地点、运输方法、入仓日期、堆存仓堆号数逐一登记。

存盐不论转运他处还是就地销售，应该按照转运或者发售凭证所在数量，就堆存次序，依次核实验收。转运或发售凭证号数、盐的种类、数量、转运或者销售地点、转运方法、出仓日期、原仓堆号数、都应该详细登记，如果仓堆的盐与收存时的数量不符，应该将所差数量登记。

存储的盐，在每个仓坨内，应该按批分堆。盐堆的大小应该适合堆放的数量，应该在短时间内逐堆放清楚，立刻清查计算损耗。盐应该每列编号，并且按号对方。每一个小的仓坨，每年至少应该清查一次。

存盐的卤耗量，不应该超过当地规定的数量。

存盐的缺短数量，如果超过规定的卤耗数量，直接责任人应按照当地最高的盐价赔偿所短数量。涉及刑事的，送司法机关处理。

九、《制盐许可规则》

关于制盐的资质,《制盐许可规则》(1946 年 10 月 9 日于国府公报刊登)中有着详尽的说明:

《制盐许可规则》中说明,制盐人包括制盐人、探波供制盐使用的卤水的人、探掘供制盐使用的盐的人、再制造盐的人、为上列盐业务试验的人。

有中华民国国籍的人,申请称为制盐人,应有指定格式的申请书,附加国税许可证,交由关务署核转盐业管理局核发制盐许可证。

两人及以上共同经营制盐业务的,应该将公司名称、所在地、种类、股东姓名、住址、资本总额,以及其他关于公司法规定设立注册时应该列出的事项,一并列出,附同公司章程,由法定代理人申请许可。

对于:开采制造技术不合理的,开采制造原理不合适的,开采制造地点在管理或交通上被视为有妨碍的,原有的当地制盐人生产能力已经能够产足规定产额的,产权上有纠纷,未解决的,申请数填写事项与事实不符合的,不被核发许可证。

申请人在领到制盐许可证之后,应该在六个月之内开始制盐业务,若应用机械,工厂设备等需要时间筹办的,可以上报申请延期,但至多不可以超过一年。

制盐人有效期限为六个月至两年,期限届满应该将许可证吊销,如果有继续经营制盐业务的,应该在期满前三个月内,申请办理。

制盐许可证不可以抵押、租用或者让与他人。

制盐人的产权,如果因出售或赠予全部转移时,应将转移事由连同已经领到的制盐许可证,呈由管场署,核转该区的盐务管理局核准过户,换发制盐许可证。

共同产权,如果产主有过半数变更时,应将变更事由,连同已经领到的制盐许可证,呈由管场署,核转该区盐务管理局核准过户,换发制盐许可证。如果变更户数不过半,仅就变更的产主部分,向管场署报名转移登记,不换发制盐许可证。

十、结语

国民政府当时颁布的盐务法规,从法律条款来看还是较为完备的,从盐的制造、存储、运输、销售,每一个环节都有相应的法规,确保盐业市场的正常运作,使民众日常的生活平稳。

例如,战后国民政府立刻下发命令,立即对盐业市场进行控制与接管,设置盐业指导委员会,指导各地盐业工作的正常进行。

对于盐的运输,相关法规也十分详尽,盐商需要有分运执照、销盐护运单、运盐执照或护运联、销盐准单才能依法进行盐的运输。

对于盐仓的管理也是较为仔细的,包括对于盐仓内存盐的入库出库,检查清算,定期核查,每日巡查等等都有着详细的规定。

另外,关于盐警的服务也有一部分规定,其中有一条要求盐警在执行公务的时候态度应当平和友善,不得傲慢疏忽。这一点值得肯定。

但是在那一个年代,即使有比较完备的相关法规,但这些规定在执行的过程中有多少被付诸实践就不得而知了,而且较多条的规定都有人为裁定的成分,这也就为贪污受贿等行为提供了方便,例如,制盐人申请制盐许可证的相关规定中有一条为采制地点在管理或交通上认为有妨碍者,可以不许可。但是,被认为妨碍的评判标准没有一个较为详尽的表述,也就只靠相关部门的官员来裁定,便很容易产生偏颇。

盐业对于国家的稳定、人民的日常生活都至关重要,食盐是必需品,又不可替代,这就造成了一旦食盐短缺,盐价飞涨,人民也只能高价购买,这对于人民会造成非常大的伤害,对社会乃至国家的稳定也会造成非常大的不利影响。因此,各个时期都有着完备的盐务法规,以便统一管理,调控盐的生产、运输、销售,达到稳定盐业的目的。

民国永定县运输承揽商业同业公会档案初读

成永祥

　　永定县位于福建省西南部，域内有四条河流及其所发展出的四大航道。本文基于永定区档案馆藏有关民国档案[①]，通过考察民国时期的陆路、水运运输，从闽南地区运来的物资情况以及相关的船帮组织，探讨民国时期永定县承揽运输商业同业公会在当时社会发展过程中所发挥的作用，并从公会会员组成、会员的基本要求、同业公会的组织原则等三个方面来分析商业同业公会章程。

一、永定县地理环境状况

　　永定位于福建省西南部，博平岭山脉西麓，东与本省南靖县、平和县接壤，南和广东省大埔县、梅州市相连，西与本省上杭县交界，北和本省龙岩市毗邻。

　　而承揽运输商业同会所在的峰市镇位于县境西南，汀江下游河畔，紧邻广东大埔县，以集市贸易在双岐崇山峰下而得名，东与仙师为邻，南与广东大埔县青溪乡相接，西南和广东梅州市松东乡、桃尧乡接壤，北与洪山乡相连，面积75.7平方公里，乡政府驻地峰市街，距县城26公里。下辖13个村民委员会，130个村民小组，73个自然村（其中有9个革命基点村），居民2447户，12084人，属汉族，讲客家方言。明、清时（含洪山乡）属上杭县。清初是汀州府八县的重镇，曾设分县，县衙设在河头城。民国二十五年（1936年）为福建

---

　　① 《永定县政府峰市商业团体（之三）》（1944—1945年），永定区档案馆，档案号84-6-203。

省直属的特区(含洪山乡),1940年划为永定管辖,当时称峰川镇,属第一区。后称峰川乡、双峰乡、峰市镇。它是水上交通要道。闽粤赣三省10余县的土特产集散地,来往客商多,仅峰市街人口达1万多。曾被称为"小香港"。新中国成立后先后称峰市区、第九区、峰市乡。1958年称幸福人民公社(含洪山)。洪山分设公社后,称峰市公社。1984年复称峰市乡。地势西北高,东南低,是谷地平原和丘陵低山相间,海拔较低(河坝谷地海拔63米,为本县本地区最低之地),气候宜人之乡。耕地面积12371亩,人均1.02亩,农作物一年三熟。其中河头、三丰、泥角、长坝四村的气候具有南亚热带特色。主产稻谷、烤烟,盛产热带水果香蕉、龙眼、柑橘等;林产以松、杉、竹、杂木、松脂等为主。农业总产值406万元,人均335元。汀江流经本境,水力资源丰富,境内汀江棉花滩是建60万千瓦的大型水电站坝址,现正在拟建中。工业有农机修造、铸造等企业。峰市副榜炉为著名的传统产品。工业总产值62.3万元,人均51元。该乡有初级中学1所,完小13所,初小16所,还设有卫生院、医疗站。名胜古迹有峰市河头城、抚民馆城。

由上所看,永定县处于广东、福建两省交界处,具有天然的地理位置优势,有利于商业的发展。同时,由于永定河流众多且地表水网密布,河道坡度大蕴含着丰富的水能资源,为航运业提供了天然优势。

二、永定县水文条件

永定县河流主要分布有四条,其分别为永定河、金丰溪、黄潭河、汀江干流,进而发展有永定河航道、汀江航道、黄潭河航道、金丰溪航道四大航道。

永定县河道密布,其主要水系贯穿整个县区,同时又链接其他周边县区,并与广东省相连,而民国时期,广东省拥有着商业、轻工业在当时社会首屈一指的条件,为永定县的商业发展提供了更为便利的条件。作为与广东沟通的重要渠道,永定县的航道在当时社会背景中发挥了巨大的作用,对永定县的各行各业都起了推动发展的作用。

三、陆路、水运运输条件

在陆路运输方面，以永定县城为中心共存在四条主要驿道，分别通向东南西北，同时还有诸多乡间道。陆路运输，商旅往来，在货物运输方面主要依赖人力肩挑，挑运者均为农民，一年到头，风雨无阻，备尝艰辛。

此时从闽南方面来的物资，有大米、花生、茶叶、煤油、布、药材、百货等等，品种多，数量大，加上永定和汀属其他地区的土特产品，每天的运输量由抗战初期的四五百担增至抗战中期的两三千担。仅高头村就有轿子 70 余顶，轿夫 200 余人，肩运工 1000 余人。

水运方面，由于永定水系丰富，水运条件较好，民国时期这些船家按地方习惯自动组织船帮，选出帮首，负责领配货运和处理帮与帮之间的纠纷。在发展过程中继而筹建了永定河篷船工会，初始参加工会的船只有 400 余艘，船工 800 多人，工会成立为改善船工福利起了较大作用。

明清和民国时期，永定河有木船 200 多艘，至新中国成立初期，沿岸的抚市、坎市、湖雷、城关仙师等村庄仍有木船 120 艘。每船载重春季可 1 吨，冬季可 0.75 吨或乘客 20 人；上驶春季可 0.75 吨，冬季可 0.5 吨。上驶由炉下坝至抚市或坎市约需两日，下驶自坎市、抚市至芦下坝半天多一点便可到达。

四、福建省永定县峰市承揽运输商业同业公会

公会成立于民国三十四年（1945 年）。

据统计结果，永定县峰市镇承揽运输商业同业公会会员名册中，共注册43 家公司，资本额为 3000 元共 1 家、1 万元共 7 家、2 万元共 2 家、3 万元共7 家、4 万元共 5 家、5 万元共 15 家、6 万元与 8 万元各 1 家、9 万元与 20 万元各 2 家。

经理人均为男性，年龄分布在 40 岁到 60 岁之间，籍贯为上杭共 20 家，峰市、运城、大埔各 5 家，梅县共 3 家，五华共 2 家，长汀、龙岩、永定各 1 家；学历为小学共 3 人，高小共 4 人，初中共 6 人，中学共 14 人，高中共 2 人，大

学共 1 人,老学共 13 人,法政共 2 人。

1945 年,公会管理人员中,设理事长 1 人,常务理事 2 人,理事 6 人,常务监事 1 人,监事 2 人,候补理事 4 人,候补监事 1 人。

同业公会又称"行业公会",从事该行业人员的内部组织,具有强制力量以维护同行业的组织和纪律,是职业公务的管理方式。峰市承揽运输商业同业公会作为永定县商业运输方面的公会,具有自己一套完善的纪律体系,并有明文规范公会章程,以维持增进同业公共利益及矫正弊害为宗旨,在当时的社会背景下为规范当地运输行业环境、提高服务质量,以及促进运输行业的发展提供了较大的帮助。

有下列各款情况者不得为本会会员代表:

一、背叛国民政府经判决确定或在通缉中者;

二、曾服公务而有贪污行为经判决确定或在通缉中者;

三、褫夺公权者;

四、受破产之宣告尚未复权者;

五、无行为能力者;

六、吸食鸦片或其他用品者。

以上为公会对成为会员的基本要求,从这里看出公会是一个严谨的商业同盟团体,在会员方面有着自己的要求。尤其在吸食鸦片这一项,在永定县土楼馆参观过程中见到不少吸食鸦片的工具作为展品,一定程度上了解鸦片在永定区域的严重泛滥状况,吸食鸦片导致家破人亡者不在少数。而公会在明确声明禁止吸食鸦片的条例中,体现了其对自身的严格要求和一定的社会责任感。

"本会设理事九人组成理事会,监事三人,成组监事会均由会员大会就代表中用记名选举法选用选举前项理事监事时应另选候补理事四人,候补监事一人,遇有缺额依从补足前任任期为限,未追补前不得列席会议。"

资料统计,九名理事会成员由一名理事长、两名常务理事和六名理事组成，三位监事则为一位常务监事和两位监事。在初期成立时，承揽运输商业同业公会便具有了完整的组织管理体系，一个强有力的管理层对任何一个组织的发展都是极为重要的，在执行公会决议案、处理公会财务问题、公会发展进行规划、处理日常问题等方面都有极大的作用。

公司行号不依法加入本会或不缴纳会费或违反章程及决议者得经理事会之议决，予以警告，警告无效时得按其情节轻重，依照商业同业公会法第二十六条规定之程式起下列之处分：

一、三百元以下之违约金；

二、有时间之停业；

三、永久停业。

前项第二款第三款之处分非经主管官之核准不得为之。

同业公会的组织受两个原则支配：（1）全体性原则，同业公会的成员包括该行业的全体人员在内，没有例外。（2）强迫性原则，从事某一行业的人，必须加入该行业的公会，否则不能执行业务。同业公会的主要职权是管理某一部门的职业公务。

同业公会的产生在行业的规范上起了巨大作用，在行业保护上起了一定作用，防止出现恶性竞争的情况，对当地的运输行业发展、船工的收入增长起到积极作用。有利于公会会开展维护职工合法权益的工作，增强行业组织的凝聚力，更好地发挥其职能作用。

在公会章程中我们可以看出，所有的会议决定都需要三分之二以上的参会人员同意方可施行，在决议过程中充分体现了民主，体现了公会的先进之处。同时，通过会员投票决议，更大程度方面保证了决策的正确性、理智性，公会的产生使"一言堂"变成了集思广益，集中大家的智慧与想法为行业的发展谋求利益。

第七章 附则

第四十六条 本章程未规定事项悉依商业同业公会法，商业同业公会施行细则办理之。

第四十七条 本章程如有为书事项宜经会员大会决议呈准永定县政府修改之并逐级转报中央社会部及经济部备案。

第四十八条 本章程经会员大会决议呈准永定县政府备案施行并逐级转报中央社会部及经济部备案。

在附则中我们看出该同业公会对规范性的要求。任何决议都通过永定县政府向中央经济部进行报备，在法律层次上保证了优先地位，面对重大公会问题时做到有法可依，有理可循。

公会作为一个行业内的组织结构，它能吸引大量的商行工号进入，成为公会用户，在注册的公司便有 43 家。公会是建立在行业内的互动团体，公会用户之间的互动性也远高于普通的个体用户，在互相合作发展、实现共赢方面具有天然优势。同时，面对商业上对运输的要求，同业公会更能保证服务的质量、满足客户的要求，提升永定运输行业在社会上的口碑，以赢取更多的客户。

五、结语

产生于民国时期的永定县峰市承揽运输商业同业公会，凭借永定县所处位置的地理优势，充分发挥永定四大航道的作用，连接广东、福建两省，对于两省的商业、文化等多方面的交流提供了巨大的作用。在民国时期，凭借其完整的行业规范和完善的公会章程成为运输行业的一个典范，在运输行业独树一帜。其科学性、规范性、完整性在当今社会都具有极大的参考价值，如何规范行业的发展、如何整合行业的资源，都是当前我们需要考虑的问题。

1945 年永定县峰市银行业同业会成立概况

陈楠林

　　中国商会组织最早于明末清初出现，主要分布在当时商业较发达的城市。辛亥革命后，全国各地工商界纷纷组织起商会，但当时的商会大多受制于地方乡绅和官僚，对自身和工商业的发展的作用并不显著。商会的正式兴起，一方面得益于 1929 年 6 月，国民政府解散商民协会，并将其职能与业务划归商会，另一方面也得益于行政院工商部颁布的《商会法》。《商会法》对全国商会的隶属关系与管理体系做出了明确规定。至此，商会组织成为民国时期最大的工商业团体之一。

　　根据李柏槐的记述，中国行会史研究最早可以追溯到 19 世纪末，一些在华的外国人开始以田野调查方式对中国行会进行考察，但缺乏较为深入的研究。[①] 进入 20 世纪以后，一部分中外学者对行会进行比较系统的研究，并取得了一批颇具价值的研究成果，如郑鸿笙的《中国工商业公会及会馆公所制度概论》(《国闻周报》第 2 卷第 19 期)、全汉升的《中国行会制度史》(上海新生命书局，1934 年) 等，均是这一时期的代表。20 世纪 50—80 年代，中国史学界探讨中国资本主义萌芽问题时，行会也是其中重要的讨论议题，不仅研究成果的数量有所增加，而且学术水平也明显提高。史学界对中国行会史的研究，主要探讨了行会的产生时间、行会的特点、行会的功能、行会的作用、会馆公所的性质、行会的发展演变、行会与商会的关系、行会与政府的关系等方面的问题，并进行了中外行会的比较研究。相比之下，中国近代商会的研

---

　　① 李柏槐:《民国时期成都工商同业会研究》，四川大学博士学位论文，2005 年。

究起步较晚。1980 年以前，大陆学者尚未进行专门讨论。根据邹明贵的《近代福州商会研究》，国内近代商会研究的学术史发展过程大致可以分为两个阶段，20 世纪 80 年代初到 90 年代初是商会研究的初起阶段，90 年代初至今，尤其是最近十年，为研究的蓬勃发展阶段，在这一阶段商会研究取得了诸多突破性进展，为今后的研究奠定了可靠的学术基础。

一、公会成立背景

福建省工商社团的设立和发展较早，据福建省志记载，明清时期，福建工商会馆遍及几乎所有大中城市以及某些重要乡镇。清光绪三十年（1904 年）厦门率先成立了商务总会，管理包括漳州、泉州、龙岩、永春等四属各埠商务。它以"振商""保商"，增进工商业者公共福利，调查商情，沟通商界，促进商业改良，受理商事诉讼为职责，肩负保护工商业者利益和沟通官商联系的双重使命。

为了更好地利用和管理商业组织，国民政府相继出台了多项规定与准则。1929 年，国民党政府规定：凡同一行业有 7 家以上者，可组织同业公会。凡同一地区有 7 个同业公会者，可成立商会。

据《福建省志·商业志》记载，福建省从清光绪二十八年（1902 年）成立商会（商务总会）至中华人民共和国成立前夕，历时 40 余载，在清政府、军阀及国民党统治下，商会饱受各种敲诈勒索，加上兵祸匪患，社会混乱，商会经常成为军政机关筹饷、筹款应付军差的一个组织。

1935 年，福建省政府颁布《福建省商会章程准则》和《福建省工商同业会章程准则》，对福建省内各地工商同业会的职能与任务做出了明确规定：工商同业公会以维持、增进同业之公共利益及矫正营业之弊害为宗旨；同业公会之区域以各县政府所辖区域为区域；同业公会接受所在县高级党部之指导及县政府之监督；各同业公会均为所在县商会之会员；各业公司行号均为所在地同业公会会员；同业公会组织系统设执行委员会 7 ~ 15 人，候补委员不得逾执委名额之半，均由会员大会就代表中以无记名选举法选任，执行委员通过互选，选出常务委员 3 或 5 人，并就常委中选任 1 人为主席。同业公会主要任务：关本行业之调查、研究、整顿及建会事项；举办同业教育及公益事项；调解会员与会员或非会员间争议；解决本会与其他团体间纠纷；调解同业劳资间争执；办理主管官署及商会委办事项；维护会员正当营业；矫正会员经营中之弊害；解除同业间苦痛之处，办理合乎本会宗旨的其他事项。了解《福建省工商同业会章程准则》对理解永定县峰市银行同业会的成立过程大有裨益。

二、公会成立过程

（一）前期准备

1945 年 5 月 8 日，峰市银行同业公会筹备委员会向永定县政府发出函件，表明峰市银行同业会计划在 5 月 14 日在银行同业会礼堂成立，并诚挚邀请上级政府派遣人员与会，行监选之职。随后，永定县县政府向福建省政府发送电报，说明了峰市银行同业公会筹备情况，并请求省政府派遣监选人员。同月十日（原档案中注明为"上九"），福建省政府向永定县政府发函，表明已经委派了朱少墀、潘兴国和马里千前往峰市。经视察，除了批示外，基本符合要求。同时表示准予组织（峰市银行同业会），并将派遣省政府民政科员云五东为该会指导。

至此，峰市银行业同业公会的成立前的准备已全部完成。

（二）公会成立大会及其后继

1935 年 5 月 14 日，永定县峰市银行业同业公会成立大会如期举行。主席为梁銮煜，县监选员为峰市镇镇长丘培光，党监选员为郑履□。会议正式进行阶段，首先由主席宣布明会理由，随后马里千报告筹备经过。会议讨论事项包括"讨论会章""选举理监事"。最终，会章按照草案通过，监理事选举结果为：朱少墀任理事长，马里千任监事，唐联陞为候补监事，梁銮煜、潘兴国为常任理事，秦佛为候补理事，永定县峰市银行业同业共会正式宣告成立。

　　1945年6月5日，峰市银行同业公会将会议监选情形呈报给永定县县政府，详细记述了成立大会的举办过程以及会议结果，随件附上会议记录。四天后（6月9日），永定县政府即向峰市银行业同业会发布训令，表明已修正呈件中的不合之处（具体细节不详），并希望补造职员名册与会员名册送往县政府，最后拨款128元用于登报广告之。根据永定县政府7月16日的文件，1935年7月11日，峰市银行同业会向永定县政府提交公会章程请求核备（原文件缺失）。在该文件中，永定县政府表明该会章程中的一处错误：第十五条，"本会设理事三人"应为"设理事五人"，并最终为永定县峰市银行业同业公会立案备查。同年7月12日，峰市银行同业会按照县政府要求，将会员名册与职员名册呈报给县政府。

三、公会第一届职员信息

　　由表1、表2的信息可知，峰市银行业的组成较为多元，既有国家银行机构，也有福建当地的银行机构，同时也不乏外省的银行机构。根据《福建省志·金融志》记载，广东省银行在抗日战争期间，于1940年在长汀设立办事处。1943年12月，该行揭阳办事处迁址永定县峰市。两年后，广东省银行业参与组成峰市银行同业公会。

　　从职员组总体教育程度看，同业会内部人员的教育程度明显高于当时社会的平均水平，其中不乏受过高等教育的人员。考虑到民国时期的教育水平与社会背景，在当时拥有高等教育的人员的确可以称之为社会精英。另外，此时"党化教育"也十分显著。1929年4月颁布《中华民国教育宗旨及其实施方针》，规定"各级学校之三民主义教育，应与全体课程及课外作业相贯连……以收笃信力行之效"。随后，《三民主义教育实施原则》要求在大学设立党义课程："一、应以阐扬孙中山先生全部遗教及本党政纲、政策及重要宣言为主要任务。二、应以理论事实，证明三民主义为完成国民革命，促进世界大同之唯一的革命原理。三、应依据三民主义，比较批判其他社会主义学说。"大学生"一律参加孙总理纪念周及其他革命纪念日，以增进爱护党国之

表 1　峰市银行公会第一届职员名册

职别	常任理事	理事	理事	理事	理事	监事	候补监事	候补监事	书记
姓名	朱少煤	梁銮焜	潘兴国	顾振文	马里干	唐联陞	秦佛	巫剑	马里干
别号									
性别	男	男	男	男	男	男	男	男	男
年龄	42	31	34	45	49	40	33	35	49
籍贯	江苏	广东	广东	浙江	广东	江苏	江苏	广西	广东
营业种类	银行	银行	银行	银行	银行	银行	银行	银行	银行
隶属公司行号	福建省银行	中国银行	中国农民银行	广东银行	福建省银行	中国银行	中国农民银行	广东银行	福建省银行
在公司行号职务	经理	主任	主任	主任	襄理	会计	会计	文书	襄理
教育程度	商专	中山大学	大学	中等	香港大学	中等	专科	专门	香港大学
住址	峰市省行	峰市中行	峰市农行	峰市粤行	峰市省行	峰市中行	峰市农行	峰市粤行	峰市省行
备注				经第二次代表大会补选	经第二次代表大会补选	经第一次理事会议决补复经第二次代表大会追认		经第二次代表大会补选	经第一次理事会议决函聘

表 2　峰市银行公会第一届会员名册

项目	中国银行			中国农民银行			峰市银行	福建省银行			广东省银行		
公司行号工厂名称	中国银行			中国农民银行			峰市银行	福建省银行			广东省银行		
主体人或经理人姓名	梁銮煜			潘兴国				朱少㙟			顾振文		
资本额	一			一				一			一		
会员单位	三			三				三			三		
人数													
姓名	梁銮煜	唐联陞	潘澄齐	潘兴国	秦佛	喻永拃		朱少㙟	马里千	林舜甫	顾振文	巫剑*	陈宗森*
别称									仓松		质彬		励志
性别	男	男	男	男	男	男		男	男	男	男	男	男
年龄	51	40	29	34	33	33		42	49	27	45	35	27
籍贯	广东顺德	江苏丹徒	福建龙溪	广东番禺	南京	江苏		江苏	广东中山	广东潮安	浙江崇德	广西武黄	广东新会
营业种类	银业	银业	银业	银业	银业	银业		银业	银业	银业	银业	银业	银业
在公司行号职务	主任	会计	营业	主任	会计	营业		经理	襄理	会计股长	主任	文书	营业
教育程度	高等	中等	中等	高等	专科	大学		商专	香港大学	大学	中等	专门	中等
行号地址	峰市	峰市	峰市	峰市	峰市	峰市		峰市	峰市	峰市	峰市	峰市	峰市
备注													

精神"。同年 8 月,《中小学课程暂行标准》中要求将公民课与三民主义课合并为党义课,取消公民教育。因此,党化教育体制下的社会精英对社会的影响,仍有待进一步的研究。

四、结语

近代商会是中国近代化运动兴起的产物。在近代化的进程中,近代商会一方面顺应了历史的进程,另一方面也对近代化进程起到了一定的推进作用。

1945 年永定县消费合作社初探

许依婷 陈柔言 黄舒婷

合作社是根据互助合作的原则自愿建立起来的经济组织。合作社思想的传播和试验，始于 19 世纪初英国的空想社会主义者。按照经营业务的不同，合作社可以分为生产合作社、消费合作社、供销合作社、信用合作社等。所谓消费合作社，可以借用国际合作社联盟对合作社的定义，将它理解为：自愿联合的消费者，通过其共同所有与民主控制的企业，满足他们共同的经济、社会与文化需要及理想的自治联合体。它也遵循国际合作社联盟的七项原则，因而在本质特征上与其他类型合作社并无实质区别。最典型的消费社类别是经营食品与其他非食品类生活用品的消费合作社，其广义的业务领域包含电力、电话、健康医疗甚至住房与金融服务等消费合作社种类。消费社经营规模大小不等，其经营位置亦可分布于偏僻乡村、荒凉海岛或者繁华都市街区等。[①]世界上第一个合作社就是消费合作社。目前，城市信用合作社和农村信用合作社是我国目前最主要的信用合作组织。

我国最早的合作社是 1918 年创立的北京大学消费合作社。1921 年 4 月 25 日，福建第一个合作社——厦门集美学校消费公社成立，叶清华任总经理；1929 年春，本省苏区第一个合作社——永定县上溪南区消费合作社成立；1944 年，永定县下辖乡镇纷纷以保为单位成立消费合作社，财政部永定税务

---

① 黄祖辉、邵科：《消费合作社：特征、现状及在我国发展前景》，《农村经济》2010 年第 9 期。

征收局也成立了员工消费合作社。我们依据永定区档案馆藏相关档案①，对1945 年永定县消费合作社的情况作一初探。

一、消费合作社成立原因

在国民政府的支持下，1937—1945 年，消费合作社在全部合作社中所占比例由 0.4% 上升到 14%。在当时的战争背景下，日用品价格飞涨，甚至很多农村没有盐、油等必要用品。消费合作社主要承担粮食、食盐、火柴等日用品的专卖任务，每种商品价格均低于市价，这样不仅可以方便社员购买到足够的生活用品，还能稳定战时物价，利于抗战时的经济稳定，在一定程度上可以促进民生的发展。但是在抗日战争结束前后，国民政府统治下的消费合作社要求社员提供共产党活动信息，这与抗战时期日伪政府建立消费合作社的目的相似。

二、消费合作社成立过程

民国时期消费合作社成立过程有一套完整的标准，以 1944 年财政部福建税务管理局永定税务征收局成立员工消费合作社过程为例进行说明。

1944 年 11 月，税务征收局以希望永定县政府派指导员早日惠临指导以利社务为理由呈送公函，说明筹备消费合作社的工作已次第进行就绪，但正式成立合作社需要政府人员莅临指导并办理登记手续。

12 月 2 日，财政部永定税务征收局召开员工消费合作社创立会议，会议确定了合作社名称为"保证责任财政部永定税务征收局员工消费合作社"，以本局为业务区域专营消费，社员人数为四十六人，认缴股数四百六十股，每股金额国币十元，除此之外，会议还决议了七个事项：讨论章程草案、选举理事、选举监事、讨论收纳第一次收缴社股期限、讨论呈报登记日期与业务计划。

12 月 7 日，税务征收局呈送公函至永定县政府，呈交本局员工消费合作社创立会议决议录、社员表、报告表及章程等，请政府查照检收并赐准登记

---

① 《永定县政府财经类合作社成立记录》（1945 年），永定区档案馆，档案号 84-6-232。

给证。

政府派遣的指导员需要考核该社创社的条件是否合乎规定,并给其打分。调查事项包括很多方面,如"设立人中坚分子发起组社之动机"等对于设立人的调查、"创立会开会之后社员有无增减、社员入社是否自动"等对于社员的调查、"理监事有无垄断行为"等对于选举出的理事的调查、"业务区域是否适合"等对于合作社日后发展的调查,共查十八项,每项调查事项均给出具体的评定标准,以60分为及格。如果永定县政府下派的指导员在调查过程中发现新成立的合作社有不符合规定的行为,打分平均不超过60分时,合作社不予成立。

在合作社上交所有材料之后,政府部门会对材料进行检查,如果发现异常(如登记的社员已死亡或多个社员名字重复),政府会下发指令至相关合作社要求整改,在合作社更改后再上交材料至政府审查。以永定县中金乡社为例,中金乡及下属洪川保、多隆保合作社的理事人数为四位,不符合章程中理事人数为单数的规定,根据政府的下发文件将理事改为三人,发电报交由县长审查。

三、消费合作社成立的影响

(一)从社会角度而言,有利于帮助抗战经济动员,改善群众生活

在民国时期战争的时代背景下,日用品的价格飞涨且在农村地区存在供货不足的现象,如油、盐在当时的农村地区都是稀缺品般的存在。永定区建立的消费合作社对该现象的解决起到了积极的作用:首先,它满足了社员对日用品的需求。米、面、杂粮、酱、醋、糖、油、杂货、布匹、文具等商品,均可通过消费合作社购买到,这对于物资稀缺的当时而言很大程度上稳定了粮食的供给。其次,通过消费合作社购买到的商品减少了中间剥削,使得购买到的商品低于市面上的平均价格,这对于平稳物价起到了一定的促进效果。最后,因稳定物价和改善商品稀缺的困境,消费合作社还有一定的维护社会安

定和谐的作用。

（二）从经济角度而言，有利于补充和完善其他商业组织形式，推动流通体制改革

合作经济组织是一个全球性的经济现象，不管是发达国家还是发展中国家，消费合作社成为促进经济发展的不容忽视的力量。消费合作社丰富了我国的商业组织形式，具有较强的社会竞争力，节省消费者搜寻需要的成本及中间商赚取的差价，有利于补充和完善其他商业组织形式及我国市场经济体制的改革与发展。

（三）从思想角度而言，有利于形成合作共赢的观念

消费合作社与农业合作社、土地合作社等组织相似，本质上都是通过合作达到降低成本、提高效率的作用。消费合作社展示出以合作社为实体所带来的经济效益之大，有利于生产经营者及群众在思想上形成合作共赢的观念，从一定程度上而言，为后续出现的农业合作社等组织奠定下了一定的思想基础，增加了市场活力。

消费合作社对冲破国民党顽固派的经济封锁，发展对外贸易也起到一定积极作用。

四、结语

消费合作社作为合作社历史上的消费合作社中较为重要的一种，它的成立对于历史、经济来说都极其重要。现在，消费合作社也依然存在，其作用主要是方便乡镇居民购买日常用品。但在 1927—1945 年间成立的消费合作社，在一定程度上稳定了当时的物价，为经济的发展做出了贡献。

女界组团体 | 初探

　　妇女群体的觉醒及其团体活动是近代思想解放运动的重要表现，也是近代人类文明进步的重要成果。随着资产阶级民主革命的不断兴起，妇女团体、运动不断发展壮大。永定县妇女会正是在这样的大背景下发展壮大起来的，对于当时永定县的发展起到了动员、服务、组织妇女群体的重要作用。尽管由于当时经济、政治、文化等方面仍较为落后，永定县妇女会在一定程度上存在局限性，但对于促进女权意识的觉醒、社会进步发展具有重要的作用。

《福建省永定县妇女会章程》档案解读

苏招培　朱　恒　赖加洋

　　自辛亥革命后，在资产阶级革命高潮的推动下，妇女怀着强烈的爱国激情开展妇女运动，妇女运动在整个社会产生了强大的冲击波，对人们的价值观念、行为准则和生活方式产生了重大影响，而社会各界的妇女团体正是妇女运动的中坚力量。

　　妇女团体作为妇女运动的中坚力量，推动着中国女权的发展，因此，要想了解民国时期女权的发展，就必须先研究当时的妇女团体。对此，本实践小组通过查阅永定档案馆，在永定县民国档案中找到了《福建省永定县妇女会章程》[①]，本文通过对章程的分析解读，梳理了章程中妇女会的职责任务、组织结构等内容，以此来管窥民国时期妇女团体对妇女运动、女权意识、社会公益事业等各方面所起的作用。

一、女权

　　辛亥革命之后，资产阶级登上政治舞台，资产阶级民主思想逐渐渗入民众生活，妇女运动逐渐兴起。永定县妇女会章程在一定程度即反映了此历史现象的发展过程。

　　章程第三条指出永定县妇女会以唤起妇女之国民责任心、提高其道德与智能、参加国民革命以增进自身及国家之福利为宗旨。根据社会性别理论的观点，对物种决定论的否定，它强调，社会文化对男女的特点、特长、分工的定

---

① 《永定县政府妇女团体（之一）》（1940–1945年），永定区档案馆，档案号84-3-444。

型，以及相应的资源和机会的分配、能力和特长的发展影响了该社会对男女高低不等的评价，形成了男女之间不平等的权力和地位关系，并且通过家庭、社区、市场、国家，在文化习俗、教育、宗教、法律、政策等作用下得到巩固和加强，被该社会作为行为规范而固定下来。该时期，男强女弱观点根深蒂固，女性地位，皆归根于社会分工中男性对社会工作的支配性承担地位，以及由此而来的社会交往关系中男性"独当一面"的状况。此条反映了一部分先进妇女妇女意识的觉醒，她们开始有意识地希望参与社会分工，作为生产交换等环节中的一部分，在社会发展中贡献自己的力量。

此外，永定县妇女会章程中还有一些相关规定：

第六条　本会得筹办各种事业以改良妇女生活及其习惯。

随着信息化机械化自动化程度的提高，女性体力弱势不断被克服，同时女性善解人意、细腻周到的特点与以服务业为主的第三产业和第四产业的职业要求相符合，科技发展使女性从繁重的体力劳动与烦琐的家务劳动中解脱出来，生育负担大大减轻，受教育程度提高，女性参政、从政的比例大幅提高，女性有了广阔舞台。生活及习惯从各个方面束缚、制约着她们的思想，而生活条件若得改善，生活习惯若得改变，久而久之，思想也日趋进步。

第七条　本会对于下列事项应指导妇女切实进行：

一、促全民族生存之母性；

二、发展女子教育；

三、发展女子职业；

四、全家庭组织及其改善；

五、保障妇女人权及妇女救济；

六、发展社会公益事业；

七、妇女运动各种调查事项；

八、妇女运动宣传事项。

教育乃国之本；职业发展乃民众实现自我价值的基本途径；妇女当在得到救济，满足自身生活基本需求之时，方可且愿为自身权利理智而有方式地争取。

第十条　凡是满一十岁以上之妇女，经本会会员二人之介绍，皆得为本会会员，但有下列情况之一者不在此限：

一、违反三民主义之言论与行动者；

二、褫夺公权者；

三、有不良之嗜好者；

四、营不正当职业者。

此条体现了妇女会对三民主义原则的地位的认可，反映了资产阶级民主思想对妇女会的基础性影响。

第十四条　本会最高权力机关为会员大会或代表大会，但闭会期间为理事会。

此条体现了对资产阶级民主政治制度的组织结构性借鉴。一切事务由民主决议后方可施行或生效。

二、组织架构

妇女联合会作为追求妇女地位提高的一个象征，在民国时期的出现代表了思想的开化与革新，体现了三民主义在福建等沿海地区的广泛影响，这对持续了几千年封建社会的中国来说实属创新。此外，不仅仅是在精神上永定县妇女联合会体现了进步的意义，在组织结构上，永定县妇女联合会也具有了现代女权组织的雏形（如中华全国妇女联合会等组织）。在会议及权利、选举等多方面已经有比较具体的规定。

以下为档案原文：

第五章　会议及权力

会员大会或代表大会每年至少举行一次，必要时经理事会之决议或会

员四分之一以上之建议由理事会召开临时大会,其权力如下:

一、选举本会理事

……

第四章 组织及职掌

第二条 本会最高权力机关为会员大会或代表大会,但闭会期间为理事会。

第三条 代表大会由区分会按照人数比例选出代表若干人组织之。

理事会由会员大会或代表大会选举理事七人,候补理事三人,并由理事互选常务理事一人,掌理本会日常事务。

第六条 本会所属各区分会设理事若干人,候补理事若干人,由该区会员大会选举之,任期以六个月为限。

首先,永定县妇联属于该县自发成立的妇女组织,它的选举方式属于小范围内的间接选举和直接选举。笔者以创立于 1949 年并延续至今的中华妇女联合会与永定妇联进行对比。

在中华全国妇女联合会的"组织制度"中有关的选举说明如下:

第八条 妇女联合会实行民主集中制。妇女联合会的各级领导机构,由各级妇女代表大会选举产生。

第九条 各级妇女代表大会代表名额及产生办法,由各级妇女联合会执行委员会决定。

第十条 各级妇女联合会执行委员会的产生,要充分体现选举人的意志。选举采取无记名投票方式,可以直接采取候选人数多于应选人数的差额选举办法进行选举,也可以采取差额选举办法进行预选,产生候选人名单,然后进行正式选举。

在中华全国妇女联合会的"地方组织"中有关的说明如下:

第十九条 地方各级妇女联合会的领导机构是地方各级妇女代表大

会和它所产生的执行委员会。省、自治区、直辖市，设区的市、自治州、县、自治县，不设区的市和市辖区妇女代表大会，每五年举行一次，由同级妇女联合会执行委员会召集。在特殊情况下，经执行委员会讨论决定，可提前或延期召开。

第二十条规定了地方各级妇女联合会执行委员会在妇女代表大会闭会期间，执行上级妇女联合会的决定和同级妇女代表大会的决议，定期向上级妇女联合会报告工作，讨论并决定本地区妇女工作的重大问题。地方各级妇女联合会执行委员会全体会议，每年至少举行一次，由同级常务委员会召集。执行委员会选举主席一人、副主席若干人、常务委员若干人，组成常务委员会，领导本地区妇女联合会的工作。

第二十一条规定了地方妇女联合会常务委员会是执行委员会闭会期间的领导机构，常务委员会讨论决定妇女工作中的重要问题，定期向执行委员会报告工作，接受监督。常务委员会会议每半年举行一次，在特殊情况下，可提前或推迟召开。

通过两者的对比可以得知，理事会和现在的"地方各级妇女联合会执行委员会"功能类似，承担了代表大会闭幕期间的部分功能。"常务理事"与"执行委员会"中的主席职位权责相似，其他理事与副主席等职位权责类似。执行委员会选举出了常务委员会，更加具体地为执行委员会服务。但永定妇联没有设置常务机构，究其原因可能是由理事会执行，或者是由于章程不够缜密完善。

综上可知，永定妇联选举方式和程序民主，选举方式大体上与现在的中华妇联相似，在民国时期具有开创性和代表性，但缺乏上级机构和同级机构，在开展一些活动时没有经验可以参考，缺乏经验的彼此交流和上级机构的指导。

此外，在最基本的普通妇女会员入会的要求上，两者也有一些差别。以下为档案原文：

第一条 凡是满一十岁以上之妇女，经本会会员二人之介绍，皆得为本会会员，但有下列情况之者不在此限：

第一条 违反三民主义之言论与行动者；

第二条 褫夺公权者；

第三条 有不良之嗜好者；

第四条 营不正当职业者。

在中华全国妇女联合会的"团体会员"中有关的说明如下：

第二十六条 企业基层工会女职工委员会及其以上各级工会女职工委员会均是妇女联合会的团体会员。

第二十七条 凡在民政部门注册登记的以女性为主体会员的各类为社会、为妇女服务的社会团体，自愿申请，承认本章程，经中华全国妇女联合会或当地妇女联合会同意，可作为妇女联合会的团体会员。

中华妇联的入会标准虽然没有详细说明，但其前提是需要加入工会职工委员会或者在民政部门注册登记的以女性为主体会员的社会团体。而加入这两者的要求都是需要遵法守纪、思想端正、勤劳努力。

接下来我们将谈论一下职权方面上两个机构的比较，以下为档案原文：

第一章 会议及权力

第十九条 会员大会或代表大会每年至少举行一次，遇必要时经理事会之决议或会员四分之一以上之建议，由理事会召开临时大会，其权力如下：

一、选举本会理事；

二、修改本会章程；

三、建议关于本会一切应兴应办事项。

第二章 监督本会财政

第二十条　理事会每半月举行一次,遇必要时得开临时会,由常务理事召集之,其权力如下:

一、执行委员大会或代表大会之决议;

二、指挥各项工作之进行;

三、监督各区分会理事之选举。

在中华全国妇女联合会中有关的说明如下:

地方各级妇女代表大会的职权是:

(一)讨论、决定本地区的妇女工作任务;

(二)审议和批准同级妇女联合会执行委员会的工作报告;

(三)选举同级妇女联合会的执行委员会。

第二十条　地方各级妇女联合会执行委员会在妇女代表大会闭会期间,执行上级妇女联合会的决定和同级妇女代表大会的决议,定期向上级妇女联合会报告工作,讨论并决定本地区妇女工作的重大问题。地方各级妇女联合会执行委员会全体会议,每年至少举行一次,由同级常务委员会召集……

第二十一条　地方妇女联合会常务委员会是执行委员会闭会期间的领导机构,常务委员会讨论决定妇女工作中的重要问题,定期向执行委员会报告工作,接受监督。常务委员会会议每半年举行一次,在特殊情况下,可提前或推迟召开。

两相比较,两者的职权类似,都是设置常任机构解决一些发生的问题和人事选举等事情。但永定妇联由于具有地域和成立原因上的特殊性,具有"监督本会财政"这一职权,在中华妇女联合会中的章程中,关于经费财产的使用和监督并没有特别介绍。由此可见,永定妇联在关于职权设置等章程方面的做法已经较为完善。

另外,受困于时代的局限性和思想的开放程度,永定妇联并未提出现代妇女组织普遍追求的一个原则——"追求男女平等",这是妇女联合组织最基本的奋斗目标之一。但在封建思想和帝制统治思想依旧残存的民国初期,且在并无指导性的上级和相互帮助的同级机构的情况下,这已经是难能可贵的了。永定妇联的成立具有一定程度上的示范意义和进步意义,对于后世的妇女组织的建立提供了宝贵的经验和借鉴。

三、结语

通过对章程内容的解读,我们可以得出,民国时期,尤其是在 40 年代,妇女团体的发展已经到了一个新高度,当时的妇女自发形成民主性的妇女团体,采取民主式的管理办法,建立起了自己独特的组织架构。这些妇女团体一方面寻求保障自己的合法权利,另一方面又通过自己的力量来为社会谋求福利。无论是采用民主式组织架构还是追求女权的精神,都值得我们现在的妇女团体们思考、借鉴。

司法与宗族 | 案例

自鸦片战争以来，近代中国社会的各种矛盾不断尖锐，民族危机空前严重，为挽救民族危亡，以孙中山为代表的资产阶级革命派发动辛亥革命，结束了统治中国2000多年的封建君主专制制度。随着帝制的瓦解、民国的建立，旧有的法制也随之废除，建立新的司法制度。但是由于资产阶级的局限性，辛亥革命并未能真正确立起资产阶级民主政治体制，旧有的封建势力仍非常强大，尽管司法制度已经建立，但许多地方仍保留着旧有宗族制度，广大农村中的社会风俗革新并不十分明显。

从争坟案看永定县民间社会的宗法与司法

廖文斌　孟云鑫

　　《永定县政府阙梅龙与黄春凤等人的争坟一案》[①]是民国二十八年（1939年）4月于永定县发生的一起民事纠纷案件，围绕着黄姓一家的祖坟所在土地以及其中骸骨的归属而展开。本案关系到民国时期的土地政策、祭祀传统、风水习俗、家族群居、法律法规等方面，反映了民国时期永定县人民的生活情况以及精神世界。笔者将结合当地实际以及时代背景，从以下几个方面对本案进行分析解读。

一、当地概况与时代背景

　　永定区是中国福建省龙岩市下辖的一个区，位于福建省西南部。原为永定县，2015年2月9日正式撤销，改为龙岩市永定区。

　　民国二年（1913年），废府建制，属西路道。1914年，改西路道为汀漳道，属汀漳道。1916年废道，直隶福建省。1933年12月，"福建事变"后，属龙汀省。1934年7月，属福建省第七行政督察区。1935年至1936年1月，属第六行政督察区。1936年4月，丰稔市划归上杭；合溪划归永定；走马坑、凹下、下岐坑归上杭；池溪、三坝以黄潭河为界，河东归永定，河西归上杭。1937年4月，属第七区。1940年3月，峰市特种区、上杭县洪山乡和龙岩县竹子炉划归永定。

---

　　① 《永定县政府阙梅龙与黄春凤等人的争坟一案》（1939年），永定区档案馆，档案号C84-3-2187。

二、案件解读与分析

（一）案件解读

由案件卷宗，笔者梳理出此案缘由：

当地黄家文诏公赖婆太之祖坟由于其位置风水较好，被当地阙家阙梅龙所看中，于是想将此块坟地购入。阙梅龙联系了黄庆荣、黄庆千兄弟，以百元凭票将其收买。但据黄家人所说，其二人为殿诏公之后人，并非文诏公后人。且文诏公赖婆太祖坟为其全家之所有物，他们并无权出卖。与此同时，黄庆千持票据，企图兑换，却遭到拒绝，一怒之下又转变态度，并向司法处申请取消签押效力。阙梅龙得知此事，再次利诱收买黄庆千，并以敲诈不遂、串通诬陷之罪进行起诉。

（二）案件分析

1. 土地

民国时期，政府于1928年11月颁布了《土地法原则》九项：征收土地税，以地值为根据；土地税率，以渐进方式为原则；对于不劳而获之土地增益，行累进税；土地改良物宜采轻税；政府收用私有土地应订办法；公有土地免税；以增加地税或高估地值方法，促进土地之改良；设土地掌管机关；土地移转，须经政府许可。

从中我们可以看出，私有土地在当时是存在的，而且当时的土地政策是允许进行土地所有权的转让的。但因坟地的特殊性，其并非个人而是家族所有，所以进行相关转让时无法找到合适的法律来判断是否有权进行交易。即使黄家多人称黄庆荣、黄庆千兄弟无权转让坟地，但办理了转让手续是事实，即说明当时的法律承认这场交易是合法的。归根结底，不够完善的土地制度是此案最根本性的原因。

2. 审检制度

清朝末年，清政府效仿西方君主立宪之下的"三权分立"原则，并效仿日本在各级审判庭设立有各级检察机构和检察官，作为向审判机关提起公诉的专门机关和公诉人。北洋政府设司法部，主掌全国司法官员任免、各级司法机关的设立及一切司法行政事宜。在北平设大理院与检察署，为全国最高审判与检察机关。各省设高等审判厅与检察厅，各大城市设地方审判厅与检察厅，分别行使审判权与检察权。各县未设法院，由县政府兼理司法，县长代行检察官职权，另设承审员审理民刑诉讼案件。1927 年 8 月 16 日，南京国民政府训令第 148 号《裁撤各级检察厅并改定检察长名称令》，结束了北洋政府实行的"审检分离制"，确立了"审检合署分立体制"。南京政府设司法院，下设司法行政部（后改隶行政院），主管一切司法行政事宜。另设最高法院与检察署，为全国最高审判与检察机关。各省高等、地方审判厅易名为法院，各级检察厅易名为检察处。各县设司法处，仍由县长代行检察官职权，省高等法院选派审判员，依法独立行使审判权，同时各县政府设置军法承审，受理各种军法案件。

民国审检分厅时期，检察分厅首长称检察长，实行"审检合署"后，检察机构的首长称为"首席检察官"（汪伪时期，恢复"检察长"称谓）。检察机关人员主要有首席检察官、检察官、候补检察官、主任书记官或书记官长、书记官、候补书记官、司法警察、检验员、录事、公丁等。首席检察官的职责除了管辖本处行政、人事和各项检察业务工作，还有权直接行使各项检察权。按刑事诉讼法规定：侦查中的押人、放人，由检察官行使。公安人员只有协助逮捕之责，而无侦查犯罪之权。审判中的押人、放人，由推事行使。二审中的押、释人犯由二审推事行使，权限分明，不容逾越。未起诉的嫌疑犯，都是在侦查中，法院推事依不告不理的原则，无权收押或释放。凡已经起诉的人犯，已在审判中，押释之权，专属于推事，检察官虽可陈述意见，但不能自为押释。

在体制上，虽然检察处附设于地方法院，但地方法院首席检察官不受法院院长的领导，而是受高等法院首席检察官指挥监督。在任职资格上，地方法院检察处首席检察官，在具有高等法院检察处、高等分院检察处检察官资格的人员中遴选。

尽管民国年间司法制度几经变革，但均没有突破晚清确立的审检合署，各自独立行使职权的检察制度的基本模式，并且检察职权也一直局限在实施侦查、实行公诉、协助自诉、担当自诉、监督审判及指挥刑事裁判的执行等监督职能上。[①]

3. 风水学

有的争坟案件是为了争夺好的坟地，古代人民非常看重风水，所以一块坟地要是一块风水宝地的话，难免会引起争夺。

4. 宗族关系

从古到今，大大小小的争坟案件发生了不少，这也从侧面说明了中华民族对宗族关系的重视。历史上也经常会有逃难的人，但是即使在如此恶劣的环境下，逃难的人也会拼死保护自己的两样东西，那就是他们家族的族谱以及祖先的灵位，作为他们认祖归宗的依据，无论自己走到哪里，也不会忘记自己的根。

家族、宗族关系是中国古代社会基本的社会关系之一。宗族观念强是中华民族的一大特点。阙梅龙与黄春凤等人的争坟一案，反映了在民国时期，永定县人民对于祖先的崇敬，以及对集体土地财产的所有意识、法律意识等。另外，也展示出民国时期法律与司法制度的水平有了较大的发展。

---

① 曹立朝：《民国时期的司法官委任状——从民国司法官委任状看民国司法状况》，《档案天地》2016 年第 12 期。

卫生与防疫 | 解读

公共卫生体系在民国初期就已经初步建立，但由于当时国内长期处于动荡状态，经济发展停滞不前，甚至有所倒退，致使最初建立的公共卫生系统人力物力匮乏，难以形成科学完善的防疫体系。另外，我们也看到政府在公共卫生方面仍较为重视，颁布相关法令，在法律、制度层面，不断完善公共卫生体系；在疫情暴发时，也能较好地控制其扩散。尽管当时医疗卫生设施较为落后，医疗人员较为缺乏，但政府对于医疗卫生建设仍较为关注，公共卫生体系呈现逐渐完善的态势，在一定程度上减少了疫情的发生，对疫情的抵御能力也有一定的增强。

民国时期永定县"公共卫生法令规章"档案解读 [①]

刘士同

民国早期已经建立了初步的公共卫生体系，但是由于民国时期内有军阀混战，外有强敌压境，内忧外患之下，国力衰弱，经济发展停滞不前，甚至有所倒退，最初建立的公共卫生系统人力物力匮乏，难以形成有效的科学完善的防疫体系。一旦疫情出现，以当时的卫生系统水平根本无力控制其扩散，许多下层百姓根本无法得到有效的治疗。

民国时期疫情频发，对社会造成了极大的危害，严重阻碍了社会的正常有序发展。在疫情出现后，民国政府和社会进行了积极应对，不断促进公共卫生系统升级，众多卫生法令是民国时期公共卫生系统升级的显著表现。

一、建立档案执照制度

民国时期，所有的公共服务场所的所有者都必须将其个人信息以及雇用的工人的个人信息全部呈报于政府机关备案，经过政府派员检查发给营业执照，并且对其营业执照施行年检制度。如《福建省各市县及特种区营业旅馆客栈卫生暂行规则》第二条"凡经营旅栈业者，须将姓名、年龄、籍贯、住所、建设图样、旅栈地址及雇工人数、姓名呈报当地卫生主管机关（以下简称主管机关）。经派员检查发给卫生检验执照后方准开始营业，如有变更或歇业时须将执照缴锁或换领新照"，以及《福建省各市县及特种区营业公共娱乐场所卫生规则》第二条"凡经营娱乐场所者，须将姓名、年龄、籍贯、住所、娱乐场所

---

① 《永定县政府卫生法令之二》（1946年），永定区档案馆，档案号84-8-37。

地址、建设图样及资本总额呈报当地卫生主管机关（以下简称主管机关）。经派员检查发给卫生检验执照后方准开始营业，如有变更或歇业时须将执照缴锁或换领新照"。在《福建省各市县及特种区营业公共游泳池卫生规则》和《福建省各市县及特种区开设及管理厕所暂行规则》中均有类似表述。

二、加倍处罚制度

在民国时期卫生法令的规范下，公共服务场所的服务规范性相对提高，仍有违反相关规定的情况。对于这些违规者，民国政府制定了累计违规次数加倍处罚制度。例如，《福建省各市县及特种区营业公共娱乐场所卫生规则》第十七条"场内一切清洁事宜由主管机关派员随时稽查是否尊奉施行，如违反以上各条之规定者，视其情节轻重，处以十元以下之罚款，违反二次以上者加倍处罚或停止其营业"，再如《福建省各市县及特种区营业旅馆客栈卫生暂行规则》第十五条"违反本规则各条之规定者浔凯切告喻以期改正，倘有屡戒不悛者，依其情节轻重，分别处以五元以下一角以上之罚款，违反二次以上者加倍处罚或停止其营业"。虽然此规则在一定程度上整治了违规开店的风气，但其罚款金额区间较大，给了中饱私囊者可乘之机，这也在一定程度上削弱了卫生法令对民国时期公共卫生系统发展的积极作用。

三、制定相对科学规范的消毒操作

在卫生法令中出现了包括沸水、石灰水、酸水等多种消毒办法，对公共服务场所的卫生提出了具体可行的要求，在一定程度上避免了不良商家在消毒时偷工减料。例如，《福建省各市县及特种区营业旅馆客栈卫生暂行规则》第七条"饮具、食具、漱口盂等每日用后需用沸水冲洗擦拭清洁，面巾需用沸水煮后方准供用"以及第八条"房间堂厅须放置痰盂，每日早晚洗刷后应置石炭酸水或石灰水以收止臭消毒之效，并多贴禁止随地吐痰之标语"，同样，《福建省各市县及特种区营业公共娱乐场所卫生规则》第八条和第十条、《福建省各市县及特种区营业公共游泳池卫生规则》第四条和《福建省各市县及特种区开设及管理厕所暂行规则》第九条均对其消毒方法有所规范。

　　虽然民国时期的公共卫生体系相对于现代的医疗卫生法规仍不尽完善，但不可否认的是在南京政府时期，公共卫生体系确实呈现出一种逐渐完善的态势，减少了疫情的发生，抵御疫情的能力也有一定增强。

永定县民国时期部分卫生法令的分析

杨丰宁

一、档案概况

《永定县政府卫生法令》^①产生于1938年的福建省永定县。这些档案可以分为两部分，第一部分包括福建省护士、牙医师、药商、药师、中医注册暂行规则，这五份规定都是在民国二十七年（1938年）3月30日第一五二次省委会上议决通过的，在该年4月25日下发到永定县，主要内容是护士、牙医师、药商、药师、中医在注册和领取营业执照时所需履行的手续，以及当执照损坏、遗失或执业人歇业、复业、迁移、死亡时所应履行的手续，由此可以看出福建省政府试图将这些独立经营的个体医疗执业者纳入规范化管理当中。第二部分是《福建省各县市及特种区卫生院所门诊暂行规则》，在1938年6月6日下发到永定县，它对公立的卫生院所的日常管理、就诊程序、收费标准与公费和优惠政策做出了规定，由此我们可以一窥当时福建省居民所享有的医疗保障、卫生院所的一般设施、医疗技术等。

二、档案分析

（一）对《福建省护士（牙医师／药商／药师／中医）注册暂行规则》的分析

档案第一部分的福建省护士、牙医师、药商、药师、中医注册暂行规则，其

---

① 《永定县政府卫生法令》（1938年），永定区档案馆，档案号84-8-30。

规定条文都大致相似,现引用《福建省护士注册暂行规则》为例进行分析:

福建省护士注册暂行规则民国二十七年(1938 年)3 月 30 日第一五二次省委会议决通过。

第一条　凡护士领有卫生署护士证书,欲在本省各市县区执行业务者,应遵照修正护士暂行规则第六条之规定,向执业地主管官署呈请注册,经核准发给开业执照后,方准执行业务,其在本规则施行前,执行业务者,应限于本规则施行日起三个月内,补行注册。

第二条　护士请求注册给照须依下列规定办理:

一、开具申请书;

二、呈验卫生署护士证书;

三、填写履历书;

四、呈送最近二寸半身正面脱帽相片三张;

五、缴纳注册费及执照费各伍角,印花税费壹元。

前项注册费,如曾领有本省各地办理护士登记时之执照,或证明文件者,得免予征收。

第三条　凡未领有护士证书,而具有修正护士暂行规则第二条各款资格之一者,应遵照修正护士暂行规则第三条之规定办理。

第四条　护士所领开业执照,须张挂于明显易见之处,以便众览。

第五条　凡执照遇有损坏或遗失时,须呈请补领除执照费减半征收外,仍应照纳印花税费,并呈送二寸半身正面相片二张,损坏者,须附缴损坏之执照,遗失者,须登报声明作废(无报纸之地应详叙理由,并取具殷实铺保,呈送主管官署查核)。

第六条　凡护士歇业,须于十日内呈报主管官署,并缴还开业执照,在一年以内复业者,须于十日前呈报主管官署,将原缴之执照领回。

第七条　凡护士迁移地址时,须于迁移后十日内呈报主管官署备案,如系死亡,须于死亡后十日内,由其关系人呈报主管官署,并将其所领开业执照缴销。

第八条　违反本规则第一条之规定者,处以十元以下之罚金,并停止其营业。

第九条　违反本规则第四、第五、第六、第七条之规定者,处以五元以下之罚金。

第十条　各市、县、区办理护士注册,应按月造表呈报省政府查核,所收各费,应按月报解,非呈准后,不得挪用。

第十一条　本规则如有未尽事宜,得随时修正之。

第十二条　本规则公布之日施行。

下面就《福建省护士注册暂行规则》进行分析。

1. 注册执照的意义

在本规定中,注册执照对注册护士、行政官署两方面都具有意义。对于注册护士而言,一方面,注册并获得营业执照,可以使自己取得合法经营的地位,使自己的经营受到法律的保护。规定中指出,凡是无照经营的护士(即违反本规则第一条之规定),将对之"处以十元以下之罚金,并停止其营业",可见注册和拥有执照是合法经营的必要前提。另一方面,获得执照亦是注册护士向顾客展示自己拥有受到官方认可的专业技能的手段,由此便可取得顾客的信任。在本规则第二条中,要求注册护士具有卫生署护士证书,虽然这些材料并不包含如何获得护士证书的规定,因此我们并不清楚获得护士证书需要达到何种条件,但想必获得此种证书必须要掌握一定的专业技能(如有相关文凭或通过某些专业考试),能够获得注册护士营业执照者应该是具有相应专业技能者。而与此同时,营业执照又具有向公众展示的功能,本规则第四条规定"护士所领开业执照,须张挂于明显易见之处,以便众览",由此营业执照便有了证明专业技能、取得顾客信任的功能。对于行政官署来说,要求独立经营的护士诊所注册备案,大大便利了对他们的行政管理,特别是征税。本规则特别要求注册执照上的执业人、营业地址等信息必须真实可靠,凡是营业状况发生变化(歇业、复业等)或营业地址发生变动、执业人死亡等,都必须向相关部门备案。

对牙医师、药商、药师、中医注册的规则,其条文与护士注册规则基本一致,除了药商,牙医师、药师、中医都必须分别领有牙医师证书、药师证书、中医证书,其注册、执照遗失与损坏、信息变更等情况的处理方法与护士基本一致,因此以上对护士的分析对他们也是适用的。如果说对护士、牙医师、药师、中医的注册还有证明专业技能的作用的话(实际上,由于中医与西方医学体系下产生的护士、牙医师、药师不同,其专业技能要如何证明还是个疑问,这里并没有如何取得中医证书的规定,因此我们还不能做出判断),那么对药商的注册只要求填写营业种类及资本数目,并无任何认定专业资格的作用,显而易见,让他们注册只是为了收税方便。

2. 注册费、执照费与罚金的职业差异

这五份规则规定了与护士、牙医师、药商、药师、中医注册相关的各种行政收费、税费和罚金,在所收费用的使用方面,规定"应按月报解,非呈准后,不得挪用"。值得注意的是,不同的职业的注册费、执照费不同。护士的注册费为五角,牙医师、药商、中医的注册费为二元,药师的注册费为一元。护士的执照费为五角,牙医师、药商、中医、药师的执照费为一元。但印花税则没有这样职业区别,都是一元。与此同时,对于相似的违规行为,不同职业所收的罚金各不相同。比如同样是违反规定第一条(即无照经营),护士的罚金为十元以下,牙医师、药师为二十元以下,中医为三十元以下,药商为一百元以下。其他关于罚金的条款也同样存在违规行为相似,但因职业而罚金不同的现象。对于为何存在这种差异,以及规定这样的金额的依据是什么,规定中并没有说明。可能需要根据当时的这些职业的一般收入与物价、币值的状况,才能理解这些收费和这种差异意味着什么。但是,我认为,这种差异可能体现出当时的立法者眼中这些不同职业的人一般收入状况的不同,即护士收入最低,牙医师、药师高一些,中医更高,而药商最高,不过,这些都需要其他材料来佐证。

(二)对《福建省各县市及特种区卫生院所门诊暂行规则》的分析

《福建省各县市及特种区卫生院所门诊暂行规则》对公立的卫生院所的日常管理、就诊程序、收费标准与公费和优惠政策做出了规定,现引原文如下：

福建省各县市及特种区卫生院所门诊暂行规则

一、本省各县市及特种区卫生院所，为推广医疗卫生事业及便利民众诊疗起见，特设门诊部。

但卫生院，得酌设病室，收容住院病人，或增加产妇床位，其住院规则，另定之。

二、凡在门诊部就诊者，须先挂号，领取号牌，后在候诊室静候依次入诊。

三、病人伴侣，非经许可，不得擅入诊查室，及其他医药各室。

四、诊病时间，每日上午八时至十二时，下午二时至五时，但急症不在此限。

五、诊疗收费，依下列各款之规定办理：

1.普通挂号应纳挂号费，初诊铜元十枚，复诊铜元五枚。

2.提前号金，应纳国币一角，购提前号者，按提前号数次序诊治。

3.如遇急症，在办公时间外，或星期例假休息□□□诊治者，应挂特别号，纳法币三角，随到随诊。

4.卫生院所普通药，不分内服外用，每日用量，概不收费，药瓶二百公撮以下者，每只收铜元十枚，三百公撮以下者，每只收铜元十五枚，点眼瓶收铜元二十四枚，检验瓶收铜元六枚，（俟药水用完后原瓶如无破损或不深者，仍可照价退还）。

5.普通手术概不收费，但得酌收消耗材料费，最多一元为限。

6.出诊城内一元，在离城五里以外者二元。

7.病床每日每人收医药及食品费三角至五角。

8.接生费城内一元，在离城五里以外者二元，但以曾在各该院所受产前检查者为限。

9.如有难产者，须纳手续材料费，最多不得超过二元。

10.第八第九两款，所收费用，如系赤贫，经查明属实者，均应一律免费。

11.体格检查收费一元

12.疾病及出生诊断书，每张收费五角至一元。

13.伤害诊断书,每张收费五角至五元。

14.死亡证明书,每张收费五角至五元,(但限于曾在各该院所诊治者)。

六、注射收费依下列各款之规定办理:

1.凡注射六〇六,每针收费二元至三元。

2.凡注射淋症药剂,每针收费五角至一元。

3.凡注射其他普通药者,每针概收五角。

4.凡注射自购药品者,每针应纳手术费二角至五角。

七、凡用贵重药品或贵重注射,得照原价收费。

八、凡收入各费按月应分别开列清单,呈报审核,未经核准,不得动支。

九、本规则施行后,其前颁行之福建省各县市卫生院门诊暂行规则,即行废止。

十、本规则如有未尽事宜,得随时由全省卫生处呈请修正之。

十一、本规则自呈奉核准之日施行。

另附优待军警办法(前已通令遵照在案):

一、军警因病来卫生所就诊者,不论门诊或住院,概照原定价格八折收费,但花柳病不在此例。

二、贵重药品及贵重注射剂,仍照原定价格收费。

三、大小手术及一切处置费,照原定价格八折收费。

四、凡军警因公受伤,须行手术X光线或检验者,仅收材料费以示优待。

1.卫生院所的设施

由于本规则只是福建省针对全省卫生院所的一般性规定,并不代表当时永定县的卫生设施的实际状况,我们所讨论的只是当时立法者所规定的理想化的卫生院所设施。从规定中可以看出,卫生院和卫生所都设有门诊部,但卫生院还可能设有病室(即住院病房)或产妇床位,其规模应该更大。此外,入住病床还要收食品费,可见住院病人的餐食也可能由医院提供,因此可能设置厨房。卫生院所的门诊部的基本配置是候诊室和诊查室，患者的亲友可以在候诊室陪同候诊，但诊查室只允许医生和患者进入。药房也要必要的设施，此规则中针对药品的规定甚多。规定中还多次提到"大小手术"，此外在"优待军警办法"中还提到可以做"手术、X光线或检验"的项目，因此可能会配备手术室、X光室、检验室等。

2. 医疗保障政策

本文的"医疗保障政策"主要指医疗费用中由政府负担的、属于社会福利的部分。这一部分主要包括：普通药品免费；普通手术不收劳务费；赤贫者看病免费；军警医药费打八折；军警工伤看病，手术、X光线、检验仅收材料费。同时，本规则在规定了注射"六〇六"、淋病药剂、普通药剂的注射费之后，规定"凡注射自购药品者，每针应纳手术费二角至五角"，由此可见，"注射费"中包括注射剂费用和注射的"手术费"这两个部分，自购药品没有注射剂费用，因此只需纳二角至五角的"手术费"，由此可以看出，注射剂在立法者眼中并不属于"普通药品"行列，因此是要收费的，"普通药品"应只包括内服外用的药。但是，规定中又说"凡用贵重药品或贵重注射，得照原价收费"，可见不属于"贵重注射"的"六〇六"等注射剂，虽然要收费，但并非原价，而是有政府补贴的部分。至于其他各种费用中有无政府补贴的部分、补贴的部分有多大，在规则中都看不出来。不过，这些医疗保障政策只是规则中的规定，具体落实得如何，可能会受地方医疗资源、地方财政状况等多方面因素等影响，仅根据这一份规则是无法做出判断的。

3. 自费项目

本规则中所述医疗中的自费项目，总结为挂号费、出诊费、材料费、住院费、药品费、检查费、手术费、文书费等。

挂号费，包括初诊（十个铜元）、复诊（五个铜元）的挂号费，也包括提前号金（一角）和休息时间急诊的特别号金（三角）。

出诊费，即让医生离院出诊的费用，根据离城的远近不同，金额也不同（城内一元，离城五里以外二元），接生费亦可被视为出诊费的一种，即针对孕妇生产这一特殊情况的出诊，其价格也与一般的出诊完全相同（难产多收二元）。

"材料费"这一名目，在普通手术、接生难产时都有收取。不过，但难产时所收的"手续材料费二元"，恐怕未必指难产接生时多使用的材料的费用，而可能是因为难产接生费工费时，因此以"手续材料费"的名义提高价格。同时，"优待军警办法"中提到，X 光线、检验等项目也会产生"材料费"。

住院费，即住院患者每日缴纳的"医药及食品费"，三角至五角。

药品费方面，内服外用的普通药品虽然免费，但拿药时要收药瓶费，不过由于可以拿空瓶来退还，可以算作一种押金。"六○六"、淋病药剂和普通注射药剂，如前所述，也是要收费的。贵重药品和贵重注射剂也要按原价收费。

检查费，在规则中出现的比较零散，第五条第十一款中直接提到"体格检查收费一元"，第八款中提到对孕妇有产前检查，虽未言如何收费，但并不在免费之列，因此也应该是要收费的。此外，"优待军警办法"中提到军警因工伤做 X 光线或检验等检查时，仅收材料费以示优待，可见一般人做这些检查也是要收费的。

手术费方面，普通手术概不收费，其他不属于普通手术的手术该如何收费，规则中并没有说，但"优待军警规则"中有军警"大小手术及一切处置费，照原定价格八折收费"，可见有部分手术是需要收费的。同时，如上文所述，注射在本规则中被划入手术一类，同样要收取手术费。

文书费，即医生出具疾病及出生诊断书、伤害诊断书、死亡证明书等证明文件时，都要收取一定的费用，而且价格并不低，比如开具伤害诊断书、死亡证明书的收费最高可达五元。至于为何如此，尚不得而知。

当然，《福建省各县市及特种区卫生院所门诊暂行规则》只是对一些主要的项目的收费进行了一般性的规定，至于具体的医疗价格，肯定会因病人不同的具体情况、不同时期、不同卫生院所而不同。

1946年永定县鼠疫暴发与公共卫生

江锟元　杨　干

　　民国三十五年（1946年），地处闽西南山区的偏僻小城永定县在这一年3月开始暴发鼠疫，及至夏季更因气候反常疫病进一步扩散，以至于疫情一直持续到10月，死亡人数达到144人，病死率超过30%。永定县的这次鼠疫，对当时人们的生活产生了极大的影响。而当时的永定县只是一个并不显眼的小县城，很少人会关注和研究当地情况，与当时鼠疫暴发相关的文献更是寥寥无几。但有限的文献提示我们，当时鼠疫暴发与公共卫生建设的关系尤为密切，我们从永定区档案馆藏民国档案中的卫生统计卷宗[①]，提取当时的疫情数据——死亡、患病、接种人数，年龄分布与当时公共卫生情况、民国政府的工作计划与举措等。通过流行病学分析的基本研究方法，本文对此事件进行回顾性分析，探讨疫情严重的原因。并继续追踪鼠疫疫情在1947年的情况与公共卫生建设进展的关系，探究民国政府在永定彻底消灭鼠疫的相关工作的积极作用，讨论和反思鼠疫防治中公共卫生的必要性。

一、背景

（一）永定县环境与鼠疫流行

　　永定县所在之地为亚热带季风气候，气温月季变化明显，夏季高温多雨，冬季温和少雨。降雨量在年内分布是1—6月为递增，6月达最高值，7

[①]《永定县政府县卫统计之一》（1947-1949年），永定区档案馆，档案号84-8-3;《永定县政府县卫统计卷》（1946年），永定区档案馆，档案号C84-3-1113。

月减少，8月又明显增多。一年中大致可分为4个降雨季节：2—4月为春雨季，降雨量占全年的23%～24%；5—6月为梅雨季，降雨量最多，占全年的32%～39%；7—9月为台风季，降雨量占全年的28%～31%；10月至次年1月为秋冬季，降雨量占全年的10%～13%。

1946年的永定气候更是变化无常，一时间湿热的环境给鼠疫耶尔森菌等病原体的滋生和传播提供了优渥的条件。

鼠疫易由人口的流动以及传统的风俗等因素而扩大，永定地处闽西，闽西之地有吃老鼠干的风俗。闽西特产"闽西八大干"中有一大干为宁化老鼠干，实为田鼠干，由人工捕捉的田鼠加工制成。永定同处闽西客家地区，风土人情、饮食习惯与三明宁化差异不大，当地人也有食用老鼠干，而鼠肉一旦处理不当，鼠疫耶尔森菌进入人体，则可导致鼠疫的传播。

（二）鼠疫及其治疗

鼠疫是由鼠疫杆菌引起的烈性传染病，属我国法定甲类传染病之一。临床表现主要为发热、严重毒血症症状、出血倾向、淋巴结肿痛或肺炎等[1]，并发败血症可伴有皮下及黏膜出血、呕血、便血、休克、心力衰竭等。鼠疫在世界历史上曾有过多次大流行，死亡众多，曾经是危害人类最严重的烈性传染病之一。尽管人间鼠疫在许多国家现已不再是一个严重问题，但一些疫源地还连续发现零星暴发。新中国成立后，国内人间鼠疫已基本绝迹。但是，鼠疫是一种自然疫源性疾病，我国已判定的鼠疫疫源地分布在17个省、自治区的201个县（市），面积达60余万平方公里。

鼠疫是自然疫源性疾病，传染源是老鼠等动物，地理、气候及气象等因素都能对传染源有显著的影响。老鼠等啮齿类动物在春夏等温暖季节活动频繁，永定1946年发生的鼠疫正是于春夏之时开始流行暴发。鼠疫有四种常见类型，分别是轻型、腺型、肺型和败血症型。肺型、败血型鼠疫患者若不及时抢救，预后极差。年龄愈小或愈老者预后愈差，关键在于早期诊断，及时治

---

[1] 李媛：《鼠疫流行与社会应对——1918年晋北疫情初探》，《沧桑》2006年第5期。

疗,每可转危为安。鼠疫的潜伏期一般在 2～8 天之间,曾经预防接种者可延至 9～12 天。进行治疗时,应该严密隔离,患者应隔离在单间病房,病区严格执行防鼠、灭蚤措施。采取支持疗法,急性期绝对卧床,按需补液、降温、适当给予镇静止痛剂。同时采取抗菌治疗,早期、足量选用有效抗菌药物是取得良好疗效的关键。

对于未感染者,应进行预防护理。首先要管理传染源,发现疑似或确诊患者即予分别隔离,并及时向卫生防疫机构报告。患者排泄物及用具应彻底消毒或焚毁。疫区封锁至少 9 天,大力开展捕鼠、灭鼠,消灭其他疫源动物,控制鼠间鼠疫。同时要切断传播途径,灭蚤必须彻底。最重要的是要保护易感者,个人要注意防护,避免接触患者和疫鼠,进入疫区的防疫人员应做好隔离防护工作,接触患者或者疫鼠后要及时用药治疗。鼠疫带来的不仅是人口的大量死亡,而且给民众造成了严重的心理影响[1],疫区、周围人群和防疫人员要接种疫苗进行预防。

二、1946 年永定县鼠疫概况

(一)疫情

从表 1 来看,永定县自 1946 年 3 月起出现记录在永定县卫生院档案中的鼠疫案例,3—5 月春季期间每月患病人数超过 50 人,死亡人数超过 20 人,并且患病与死亡人数随着时间推移逐渐攀升。自 6 月入夏,因天气反常等不可抗力因素以及其他公共卫生方面的因素,疫情扩大到多个乡镇,疫病人数达到峰值,死亡人数一度超过 50 人。随着 6 月底防治药物的送达、接种疫苗人数增加(详见表 2),永定县鼠疫疫情得到控制,逐渐恢复至春季水平,至入秋后疫情终于平息,于当年 10 月底宣布鼠疫在永定县绝迹。据永定县卫统数据,永定县当年鼠疫造成 144 人死亡,病死率高达 32.95%。

---

[1] 张照青:《1917—1918 年鼠疫流行与民国政府的反应》,《历史教学》2004 年第 1 期。

表1　福建省永定县1946年鼠疫疫情统计表

年龄	3月 患	3月 死	4月 患	4月 死	5月 患	5月 死	6月 患	6月 死	7月 患	7月 死	8月 患	8月 死	9月 患	9月 死	10月 患	10月 死	11月 患	11月 死	死亡小计	患病小计	病死率小计（%）
0—1																			0	0	／
1—5																			0	0	／
6—10			2		3		12	5	5	2									7	22	31.82
11—15	5	1	8	2	9	1	17	6	10	1	10	1	3				1		12	63	19.05
16—20	7	2	13	3	18	4	20	6	13	3	13	2	4				1		20	89	22.47
21—25	10	5	11	6	14	5	35	16	8	2	8	1	5				1		35	92	38.04
26—30	15	3	12	6	21	8	19	7	6	2	15	4	2						30	90	33.33
31—35	9	4	5	3	3	1	9	4	17	5	1	1	3	1					19	47	40.43
36—40	5	3	2	2	1		5	5			2	1							11	15	73.33
41—45	3	2	2	1	1		4	2					1						5	11	45.45
46—50							5	3			1	1							4	6	66.67
51—55							1	1	1										1	2	50.00
56—60																			0	0	／
61岁及以上																			0	0	／
总计	54	20	55	23	70	20	127	54	60	15	50	11	18	1			3		144	437	32.95

注：表中未提及的月份即当月无鼠疫患、死情况。

表2　福建省永定县1946年鼠疫疫苗接种情况表

年龄	1月 男	1月 女	2月 男	2月 女	3月 男	3月 女	4月 男	4月 女	5月 男	5月 女	6月 男	6月 女	7月 男	7月 女	8—12月 男	8—12月 女	合计
0—1																	
1—5			215	100	364	167	360	220	215	100	568	267	20	15			2611
6—10			351	64	294	202	1113	440	985	862	1350	613	32	8			6314
11—15			114	102	634	331	843	371	1963	1200	3150	1018	53	27			9806
16—20			324	134	813	654	1131	332	3151	1720	2343	1420	43	27			12092

续表

年龄	1月		2月		3月		4月		5月		6月		7月		8—12月		合计
	男	女	男	女	男	女	男	女	男	女	男	女	男	女	男	女	
21—25			314	121	1120	1249	1964	1504	3991	1140	1310	1304	80	70			14167
26—30			85	46	2135	1032	1413	1005	4732	2132	978	700	90	20			14368
31—35			86	35	818	749	583	312	4241	2139	876	256	63	24			10182
36—40			34	15	568	412	453	315	2312	2501	485	496	35	21			7647
41—45			20	16	613	201	632	261	1432	1001	451	110	13	2			4752
46—50			15	10	247	266	232	132	532	333	80	51	4	1			1903
51—55			3	0	10	5	15	41	110	48	10	6	3				251
56—60									51	29							80
61岁及以上																	0
小计	0	0	1561	643	7616	5268	8739	4933	23715	13205	11601	6241	436	215	0	0	84173
总计	0		2204		12884		13672		36920		17842		651		0		84173

当时报纸也记载了1946年的鼠疫疫情发展情况："永定疫病严重，县府派秘书赖初基来厦请拨急救药品一节，经志昨报，兹悉该代表于昨天下午四时与本市永定同乡会理监事巫如珊等前往行总厦门处接洽，经蒙林副署长面允，拨发急救药品。其他各项赈品亦正在洽商中云。"[①] "本县自今年入夏以来，因气候反常鼠疫流行，势甚猖獗。首由湖雷抚市堂溪等乡先后发生，继蔓延于城厢下洋中坑，东上金等乡计金县疫区十一乡镇。经本县卫生院派员分赴各疫区竭力防治，并在城厢东门外设立隔离病室。专负疫病治疗，经四月余之防治，疫病始告锐减。统计全县染疫人数4108，治愈人数267，死亡人数143。唯本县地处偏僻，采购药品殊为困难，且本县卫生院药品基金过少，无法购办大批防治药品，幸蒙救济总署厦门办事处拨赠防治药品一批，得以及时防治，故本年治愈人数平均占60%以上，较上年增多数十倍云。"[②]

① 《永定疫情严重行总厦处允拨药急救》，《星光日报》1946年6月29日。
② 《永定鼠疫已告绝迹》，《星光日报》1946年10月24日。

　　1946 年永定县鼠疫疫情自 3 月起，尽管永定县乃至整个福建省鼠疫疫情自清朝末年以来就从未断绝，但本次疫情忽然暴发的原因未在卫统卷中提及，难以考证，仅可从当年报纸新闻消息中得知疫情从临近永定县城湖雷镇、抚市镇和堂溪乡等地发起，一度扩散至永定县城城郊城厢镇。首月患病 54 人，死亡 20 人，患者年龄分布广泛，下至 11—20 岁的青少年，上达 41—45 岁的中年人以及其间的青壮年都有患病、死亡，其中尤以 21—25 岁、26—30 岁、31—35 岁这三个年龄段的患病、死亡人数最多，疫情最为严重（见图 1）。随后半年疫情虽有所变化，患者年龄段峰值却基本维持在青壮年水平。考虑到当时的永定县百姓整体生活水平、医疗卫生条件，笔者认为本次鼠疫疫情分布极广、危害极为严重，几乎全年龄段百姓均有患者出现，且人数众多。

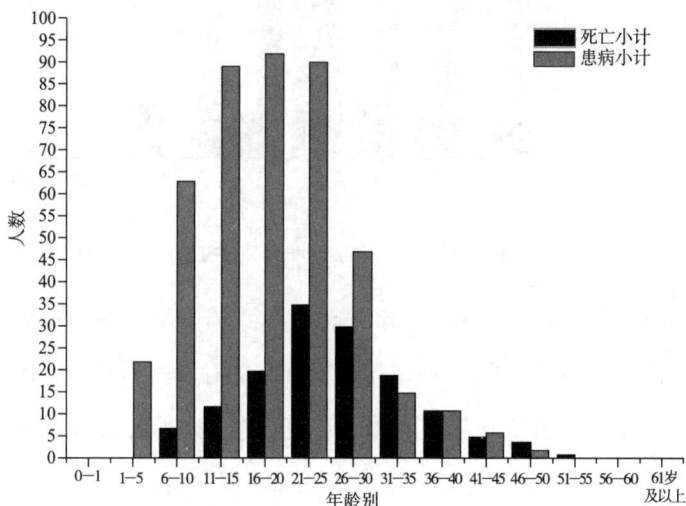

图 1　福建省永定县 1946 年鼠疫疫情年龄分布图

　　从疫情的时间横向维度来看，1946 年永定县鼠疫疫情在入夏以后最为严重，根据《星光日报》提供的线索"因气候反常鼠疫流行，势甚猖獗"，并结合1946 年永定县公共卫生各项统计可大胆推测，由于厕所管理、沟渠维护、用水卫生等公共卫生未能及时推进，"唯本县地处偏僻，采购药品殊为困难，且本县卫生院药品基金过少，无法购办大批防治药品"等地理位置、经济条件的多方面综合原因，在夏季且"气候反常"的疫病传播优越条件下疫情一再扩大，患者救助、居民防护大幅度受限，以致造成较大的人员伤亡，至 6 月底经"行总厦处允拨药急救"以及接种疫苗工作的持续推进，疫情才总算得到控制、死亡率才被控制住（见图 2）。

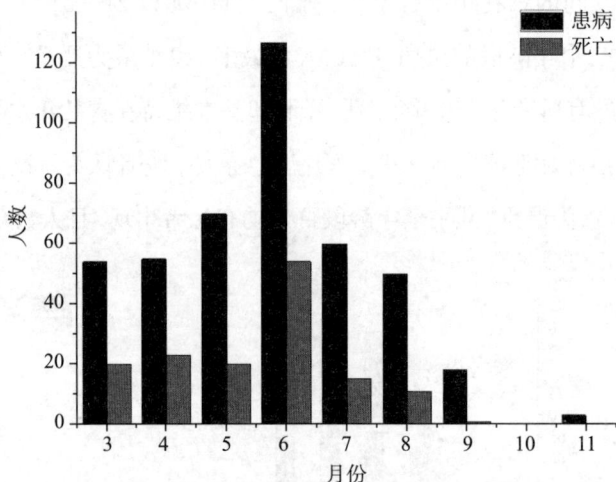

图 2　福建省永定县 1946 年鼠疫疫情月份分布图

从疫情的控制与疫情解除方面来看，防治药物的送达与疫苗接种的持续展开功不可没。其中，疫苗接种自 2 月起开始进行，接种人群男女比例约为 2∶1，接种人数变化趋势与疫情蔓延同步，接种人数最多的 5 月份达到了36920 人，全年接种人数 84173 人。值得一提的是，尽管本次鼠疫疫情持续到9 月，乃至 11 月仍有个别案例发生，但从县卫统数据来看，疫苗接种工作仅持续到 7 月，也就是疫情从最严重到稍有缓解的时间，结合防治药物难以到位的原因，笔者认为是疫苗短缺和疫情的一定缓解导致的接种中断。

总之，1946年永定县鼠疫暴发迅速，蔓延极快、分布较广，由于地理位置、经济条件、公共卫生等多方面因素影响导致其危害极为严重，而关于本次疫情的其他临床信息则在县卫统档案处无法考证，但笔者结合县卫统档案数据与《星光日报》提供的讯息分析公共卫生建设与信息传达是本次疫情难以控制的重要原因。

（二）公共卫生各疫情控制

公共卫生是关系到一国或一个地区人民大众健康的公共事业，包括对重大疾病尤其是传染病的预防、控制、医疗救治和妇幼卫生工作，对食品、药品、公共环境卫生的监督管制，以及相关的卫生宣传、健康教育、免疫接种等。在民国时期，由于医药卫生条件的欠缺和技术的落后，对于防治鼠疫、控制疫情，仅仅对症下药远不能够遏制鼠疫疫情的流行与发展，但作为传染病预防极其重要的一环——传播途径，却是当时切实可行的控制鼠疫扩散、患者增加的手段。

在1946年，福建省乃至全国都在民国政府的呼吁下与传染病进行顽强斗争，福建省作为鼠疫的长期疫区更是有着严密的法定传染病上报办法、公共卫生建设办法以及公民卫生宣传办法。

永定区档案馆所藏民国档案《永定县三十五年度工作计划》第十五条和第十七条规定：

（十五）加强推行灭鼠灭蚤运动并预防接种及防疫情报工作

①过去状况：曾发动各乡镇及学校协助推行灭鼠灭蚤运动，宣传灭鼠灭蚤方法，举行用氰化钙硫酸等房屋消毒与清洁大扫除并在城厢举办捕鼠换米及发动一家一猫运动，唯在各乡因限于财力人力未普遍推行；每年春夏两季派员巡回各乡镇保及学校免费实施防疫接种；县防疫委员会经于三十二年间组织成立后因人事变更致欠健全。

②计划要点：发动大规模清鼠运动；指导疫乡利用熏蒸等消毒；挨户实施预防注射；加强防疫委员会组织；充实防疫药品；加强各乡保开业医师及学校疫情联系；发动开业医师协助防疫工作。

③实施办法：配制毒鼠药分发各保户毒鼠；发生鼠疫之乡镇电省卫生处派防疫队来县消毒；购置大批疫苗挨户实施强迫预防注射并发给注射证以便随时检查；定期重新改组防疫委员会加强推行防疫事宜；将本年度防

疫费全部签发采购防疫药品如疫苗等；通令全乡镇开业医师及学校如当地遇有疫情二十四小时内将疫情报卫生院（利用电话邮信均可，邮费由卫生院负担）；通饬各开业医师应遵照履行医师法协助防疫，如不遵令者酌以警告或勒令停业。

④经费来源：列入三十五年度支出总预算临时卫生支出防疫费项下开支。

…………

（十七）改善环境卫生

①过去概况：本县过去环境卫生如垃圾处置厕所取缔及改良卫生商店管理沟渠疏通及户外清洁等均已先后办过，唯因财力人力不足故对环境改良收效不大。

②计划要点：积极强迫推行城区家庭清洁；修正城厢沟渠及疏浚；增设垃圾箱；取缔不良厕所；建筑共用厕所；派员赴各乡督导推行改善乡镇环境卫生；筹建公墓；加紧推行卫生教育；加强卫生商店管理；改良温泉。

③实施办法：联合本县各机关及驻军推行清洁大扫除，订定清洁大扫除办法，并请驻军于每星期日派队会同警察局及当地乡镇公所挨户检查，不清洁者拘办；由卫生院会同本府建设科警察局办理修整及疏浚城厢沟渠；会同建设科择地建造垃圾箱十处；调查不良用所由警察局执行限期取缔拆除；择定适当地点会同建设科暂先建筑公厕一座；派员下乡会同乡镇公所推行改善卫生商店环境卫生，镇设有警察所之峰市坎市两镇则由该所经常办理；依照奉颁公墓条例在西门处划一山地筹建公墓；继办卫生壁报按期出版并搜集有关卫生材料，举办卫生展览会；指导改善卫生商店，颁发检验执照，卫生标语、卫生标准办法及举行店员座谈会等；改良东门外温泉派清道夫管理打扫及及时冲洗。

④经费来源：列入三十五年度支出总预算。临时门卫生支出、环境卫生改善费、公墓厕所卫生教育等费开支，如有不敷，另筹财源发补办理追加预算。①

通过对这份计划相关条款的分析我们可以看到，永定县政府在过去就针

---

① 《永定县三十五年度工作计划》（1946年），永定区档案馆，档案号 C84-3-1114。

对鼠疫控制、卫生宣传以及防疫制度的建设开展了一系列活动，通过"灭鼠灭蚤运动""捕鼠换米""一家一猫"等方法从传染源处着手控制鼠疫，通过"房屋消毒与清洁大扫除"等切断鼠疫传播途径，通过"派员巡回各乡镇保及学校免费实施防疫接种"保护易感人群，甚至成立了县防疫委员会来专管防疫事务，计划尽管不够具体但非常全面，鼠疫在永定县绝迹的日子似乎不远。然事与愿违，"因限于财力人力未普遍推行""因人事变更致欠健全"，一系列困难摆在永定县政府面前，以至心有余而力不足，"加强推行灭鼠灭蚤运动并预防接种及防疫情报工作"的计划流于书面，为1946年永定县暴发鼠疫埋下隐患。

同样的，当年永定县政府工作计划改善环境卫生部分也对过去公共卫生建设效果直言不讳——"本县过去环境卫生如垃圾处置厕所、取缔及改良卫生商店管理、沟渠疏通及户外清洁等均已先后办过，唯因财力人力不足故对环境改良收效不大"，而后续的计划则对内容详尽描述，包括"建筑公厕一座""在西门处划一山地筹建公墓""会同建设科择地建造垃圾箱十处"等，或许这些数量不足以承担起一个县的人口所需，但在这样"财力人力不足"的情况下确实让人看到了政府防控鼠疫所下的决心。笔者随后查阅并统计了当年永定县县卫统各公共卫生事项建设情况却发现民国三十五年（1946年）永定县政府工作计划所许诺的各项并未达成，永定县公共卫生建设停滞不前，笔者认为这一定程度上使得当年鼠疫疫情扩散迅速，危害巨大。尽管关于计划的要点、实施的具体办法和经费的来源都做了界定，并涉及方方面面，但缺少了财力人力的支持，也就都化作泡影了。

笔者统计了永定县卫生院上报福建省政府的卫生事项数据（详见表3），可见永定县在1946年全年经常清道夫人数为2人，没有增加。从上文提及的《永定县三十五年度工作计划》实施情况来看，垃圾箱数量4月份增添10个；计划中所提及的公厕未能建成，全县公厕座数仍为0座；私厕封闭、私厕指导改善、厕所消毒等厕所卫生事项全年维持在低水平，对于一个县来说只能是杯水车薪。关于卫生环境视察与用水管理的各个事项全年无大变化，皆停留在较低水平；唯有垃圾处理各事项中的填塞垃圾担数与当年鼠疫疫情基本一致，在夏季达到峰值。显然，在气候异常导致的鼠疫易于肆虐的环境下，永定县政府在 1946 年没能针对疫情切实改善环境卫生，间接为疫情的扩张提供了便利条件，而这些作为足以左右鼠疫疫情发展的重要因素在随后的 1947 年鼠疫疫情控制中得到了充分体现。

表3 福建省永定县1946年环境卫生事项统计表

月份	1	2	3	4	5	6	7	8	9	10	11	12
经常清道夫人数	2	2	2	2	2	2	2	2	2	2	2	2
垃圾箱数量	4	4	4	14	14	14	14	14	14	14	14	14
焚烧垃圾担数	201	148	153	160	170	190	157	151	136	141	143	120
填塞垃圾担数	43	58	43	56	100	101	49	51	56	61	57	85
沟渠疏通丈数	7	6	4	7	5	10	10	9	7	8	9	5
沟渠修理丈数	3	2	6	4		5	3	1	2	3	1	1
沟渠新建丈数	2	3	9	5	4	6	2	1	1	0	0	0
私厕封闭丈数		1					1			1		
私厕指导改善座数	2		1	2		1		1		1	1	1
公厕座数												
厕所消毒座数	3	3	3	3	3	3	3	3	3	3	3	4
随地便溺取缔次数	1			1								1
垃圾车数量												
垃圾炉数量												
粪担取缔次数												3
私井指导改善口数												1
私井消毒口数												
公井修理口数	1	1		1	1							
公井新建口数		1										
公井消毒口数	2	4	4	4	4	4	4	4	4	4	4	4

续表

月份	1	2	3	4	5	6	7	8	9	10	11	12
妨害饮水卫生取缔次数	2	1	2	1	3	1	1	2	1	2	3	3
视察机关次数	1	3	1	1	1	1	2	1	1	1		2
视察学校次数	2	5	6		2	2	1	1	2	1		4
视察有关卫生机构与场所次数	15	16	18	15	16	11	13	11	13	18	16	17
视察住宅次数	5	1	3									
视察饮水卫生次数	4	4	2	5	5	4	2	2	4	3	4	4
视察粪便管理次数	3	6	5	3	2	2	2	2	1	2	1	4
视察一般清洁工作次数	30	32	31	30	30	31	25	29	25	29	30	31
卫生检查学生数											65	
卫生检查学校数											1	
视察工厂次数												

（三）疫情传报与卫生资源

至此，我们已经就永定县 1946 年鼠疫暴发的来龙去脉进行了基本的考察。笔者在查阅 1946 年永定县政府县卫统档案时，还发现了一些史料，或可提供另一视角，审视此次重大公共卫生事件暴发并迁延半年有余的原因。

关于永定县卫生院向福建省政府呈递永定县法定传染病月表的来往信件中，笔者发现永定县卫生院院长郑毅是在 1946 年 11 月 26 日将"本县卅五年一至十一月法定传染病报告表（甲）（乙）各一份"呈递给永定县县长的，而理所当然的福建省政府也就只能在 1946 年 11 月 30 日才终于收到永定县县长于 1946 年 11 月 28 日呈送的法定传染病报表，1—11 月的报表也是同时呈递的。法定传染病报告表以月为周期制作，如此一来当年永定县的疫情，乃至于最严重的夏季疫情都是直至 11 月份疫情消失后才上报的。这就耐人寻味了。有意思的是，随后的 12 月份直至下一年省政府下令修改法定传染病报告提交时间为止，永定县卫生院院长郑毅都能按时上交当月的报告表。

永定县政府县卫统计卷 C84-3-1113（1946）

联单

兹呈送本县本（卅五）年一至十一月份之公务统计方案卫生类县卫统计 9、10 两表每月各贰份请查核！

谨呈福建省政府主席刘

十一、三十

联单

兹呈送本县卅五年一至十一月法定传染病报告表（甲）（乙）各一份请查核！

谨呈县长赖

永定县卫生院院长郑毅

中华民国三十五年十一月廿六日

主管人员朱果汉

此外，在1946年永定县学生健康检查工作来往的信件中，笔者注意到一份由永定县上金乡第一中心国民学校校长苏振仁以"呈以奉令造报学生健康检查报告表，本校以无卫生人员无法进行检查，请派员协助请核事由"呈递的信件及其批示。从信中可以得知，学生健康检查早在之前就以公文的形式确立，并责令校长协同卫生人员于开学初普遍施行，并有制度明示检查结果需由检查人员制表限期上报，可见就制度而言民国政府考虑得相当周全。但话锋一转，上金乡第一中心国民学校校长苏振仁向县长表明"查本校无卫生人员无法进行学生健康检查工作，奉令前因理合备文，呈请钧长，即派卫生人员莅校协助检查，以昭慎重，是感德便"的请求。而县长竟批示云"应由该校就近聘请卫生人员检查"一笔带过，敷衍了事，其中永定县民国政府医疗卫生人员的不足与无奈可见一斑。

永定县政府县卫统计卷 C84-3-1113（1946）

事由　呈以奉令造报学生健康检查报告表，本校以无卫生人员无法进行检查，请派员协助请核事由。

拟办：应由该校就近聘请卫生人员检查十二、三

批示：（无）

考备：案奉

钧府致戍虞统九六六一号训令开"查各校学生健康检查于学期开始时，一律普遍实施一节曾奉省府致寅马府民卫丙三七五二七号训令，明白规定本府以致卯巧府教三零八零号训令，转饬遵办在案，兹卅五年下半年之学期开始已久，各校有否遵照检查未据具报，兹后奉省府致酉微府统甲一二七九三一号令催本学期各学校学生健康检查报告及学校卫生报告等表，自应遵办。除分令卫生机关及各级国民学校外，合行检发学生健康检查记录学校卫生报告表各式一份，令仰该校长协同卫生人员切实遵办报告表由检查人员负责上报本府凭转并限十一月底以前办竣勿延为要"等因。奉此查本校无卫生人员无法进行学生健康检查工作。奉令前因理合备文呈请钧长，即派卫生人员莅校协助检查，以昭慎重，是感德便。

呈请县长赖

永定县上金乡第一中心国民学校校长苏振仁

中华民国卅五年十一月廿三日

三、讨论

从永定县政府县卫统计卷中的数据统计可以看到，永定的鼠疫在1946年内得到了控制，从1946年10月开始一直到1947年，鼠疫患死人数已经大为减少，仅有偶发病例。从永定县政府对卫生院提交的卫生类表册的要求来看，自1947年起，部分卫统表册改为按年办甚至按季办，这与1946年要求每月上报卫统事项的紧急情势对比来看，提示永定县的鼠疫疫情已经大为减轻。

永定县政府县卫统计之一 84-8-3（1947-1949）

事由　卫生类公卫统计表册经省简化，自卅六年起实行，兹收简化情

形令仰遵照办理由。

令县卫生院

查县统计公务方案，卅六年起经省政府简化，饬县遵行阅于卫生类（禁烟部分除外）各种表册，自县卫统〈1〉至〈80〉之格式仍沿旧应用，其中之县卫统〈29〉至〈66〉概行改为按季办报，县卫统〈67〉以下为按年办报，自县卫统〈81〉以下一律缓办发行……

1946 年永定县的鼠疫疫情由于发生迅速、蔓延范围广、造成的生命财产危害大，属于突然发生并造成公共卫生安全的紧急事件，即突发公共卫生事件。

虽然 1946 年疫情已经被控制住，政府部门对于很多卫生事项的监督察看也有所减轻，但是永定县民国政府对于公共卫生的建设并没有放松，而是一直保持甚至有加强管理的趋势，笔者认为这对于防止鼠疫的再次暴发有重要作用。笔者将 1947 年的相关情况统计成表，将表 4、表 5、表 6、表 7、表 8 这 5 个表格的数据与 1946 年的数据表格（详见表 1、表 2、表 3）对比，我们可以注意到，经常清道工作人数在 1947 年第一季度比 1946 年明显增多，直到后面两个季度才恢复正常水平；垃圾箱数量也一直保持正常水平；最为明显大幅度提升的是垃圾焚烧担数和垃圾填塞担数，在垃圾处理数量最多的秋季几乎是春季的六倍，笔者认为垃圾的处理对于公共卫生环境的净化和公众的健康大有裨益；私井消毒和私井指导改善数量也有所增加，这无疑有利于提高人们的生活卫生质量；政府视察各个公共卫生机构的次数也维持在一个与 1946 年相当或者略有提升的水平。笔者认为，1947 年永定县民国政府对公共卫生建设的持续关注是防止散发的鼠疫患者再次引起鼠疫暴发的重要保证。

表 4　1947 年福建省永定县鼠疫疫情表

年龄	1月		2月		3月		4月		5月		6月		7月		8月		9月		10月		11月		12月		死亡小计	患病小计	病死率小计（%）
	患	死	患	死	患	死	患	死	患	死	患	死	患	死	患	死	患	死	患	死	患	死	患	死			
0—1																									0	0	
1—5																									0	0	
6—10																									0	0	
11—15							2						1	1											1	3	33.33
16—20					1		1				1	1													1	3	33.33
21—25					1	1	2				3	1			2										2	8	25.00
26—30					1		1				3		3	3	1	1									4	9	44.44
31—35											2	1			1				1	1					2	4	50.00
36—40											1		1	1											1	2	50.00
41—45															1										0	1	0.00
46—50																									0	0	
51—55											2	1													1	2	50.00
56—60																									0	0	
61岁及以上																									0	0	
总计	0	0	0	0	3	1	6	0	0	0	12	4	5	5	5	1	0	0	1	1	0	0	0	0	12	32	37.50

表 5 1947年福建省永定县鼠疫疫苗接种情况表

年龄	1月男	1月女	2月男	2月女	3月男	3月女	4月男	4月女	5月男	5月女	6月男	6月女	7月男	7月女	8月男	8月女	9月男	9月女	10月男	10月女	11月男	11月女	12月男	12月女	合计
0—1							460	131																	1004
1—5			10	5	115	93	113	101			105	85													5534
6—10			151	54	1560	118	215	112	56	20	585	410	1850	516	415	121									8541
11—15			250	65	2365	1300	416	131	215	110	656	325	2315	613	1415	638									9904
16—20			113	100	2330	1514	113	93	230	68	1865	650	1671	816	1213	415									10074
21—25			110	90	2651	1140	89	15	115	80	918	418	3215	1131	1312	324									10684
26—30			50	30	3180	1150	78	19	186	70	1872	648	2163	1231	2314	415									9571
31—35			15	8	5100	115	50	20	95	15	1683	565	1315	563	1634	254									4943
36—40					300	315	36	11	110	34	785	612	816	731	854	316									3341
41—45					61	50	26	12	56	11	868	413	731	212	643	249									1527
46—50							1	3	15	5	684	321	212	113	114	25									367
51—55											231	132													0
56—60																									0
61岁及以上																									
小计	0	0	699	352	17662	5795	1597	648	1078	413	10252	4579	14288	5926	9914	2757	0	0	0	0	0	0	0	0	75960
总计	0		1051		23457		2245		1491		14831		20214		12671		0		0		0		0		75960

表 6　1947 年福建省永定县环境卫生事项统计表

事　项		春	夏	秋	冬
垃圾处理及清渠改善	经常清道工作人数	5	3	2	2
	垃圾箱原有数量	15	6	10	5
	垃圾箱新添数量		4	5	10
	垃圾车原有数量				
	垃圾车新添数量				
	垃圾炉原有数量		1		
	垃圾炉新添数量				
	焚烧垃圾担数	641	1501	3676	1235
	填塞垃圾担数	305	856	2718	1361
	沟渠疏通丈数		65	15	135
	沟渠修理丈数		23	5	15
	沟渠新建丈数		15	2	12
粪便管理	私厕封闭座数				
	私厕指导改善座数	3	2	2	4
	公厕封闭座数		1		
	公厕改善座数				3
	公厕新建座数				
	厕所消毒座数	6	10	6	4
	随地便溺取缔次数				
	乱倒粪便取缔次数	4		3	
	粪船取缔次数	5			
	粪担取缔次数	3	3	2	
饮水卫生	私井指导改善口数	5	5	3	3
	私井消毒口数		4		3
	公井修理口数	3	1	1	1
	公井新建口数	1	1		
	公井消毒口数	12	12	4	4
	河水修理处数		1		
	河水新建处数				
	河水消毒担数				
	妨害饮水卫生取缔次数	10	15	16	15

续表

事　　项		春	夏	秋	冬
一般卫生	有关卫生商店给照家数		156	171	
	有关卫生商店改善家数	23	40	25	25
	有关卫生商店取缔家数	6	5	10	6
	有关卫生场所给照家数				
	有关卫生场所改善家数				
	有关卫生场所取缔家数				
	有关卫生摊贩给照家数				
	有关卫生摊贩改善家数	70	65	15	13
	有关卫生摊贩取缔家数		10	2	5
	开窗家数		5		6
	沟浚家数	12	8	10	10
	厕所隔离家数	9	15	9	15
	畜禽隔离家数	18	25	15	20
	环境清洁整理家数	80	85	65	30
	破损墙屋整理	4	3	3	3
	纵放牲畜取缔次数	28	5	12	10
视察工作	视察机关次数	16	3	10	4
	视察学校次数	18	15	12	10
	视察工厂次数				
	视察有关卫生机构与场所次数	60	90	65	53
	视察住宅次数		15	15	15
	视察饮水卫生次数	12	90	6	6
	视察粪便管理次数	8	15	10	6
	视察一般清洁工作次数	130	90	90	120

表7　1947年福建省永定县学校卫生报告表

事　项	春	夏	秋	冬
校数	3	4	4	3
学生数	966	1035	4561	1253
健康检查人数	966	1001	1651	1231
矫治缺点例数				
矫正缺点人数	285	138	815	213
治疗人数	135	96	213	85
学校环境卫生改善次数	5	10	12	12

表8　1947年福建省永定县卫生教育报告表

事　项	春	夏	秋	冬
公开演讲次数	3	3	1	1
公开演讲参加人数	218	1531	95	357
候诊教育次数	4	3	1	1
候诊教育参加人数	455	315	15	25
训练工作次数				
训练工作参加人数				
儿童会次数	1	1		
儿童会参加人数	151	256		
母亲会次数	1			
母亲会参加人数	31			
图画分发次数	7	6		4
图画分发张数	55	118		24
壁报张贴次数	4	6	6	4
壁报张贴张数	12	18	18	24
标语张贴次数	9	6	8	4

续表

事 项	春	夏	秋	冬
标语张贴张数	408	1153	150	315
传单分发次数	5	6	2	4
传单分发张数	1380	1418	1651	1238
卫生运动次数				
卫生运动参加人数				
个别设计次数	3		1	1
个别设计人数	25		50	23
家庭访视次数	10	10	3	4
家庭访视人数	34	135	65	56

尽管福建省政府对于永定县部分公共卫生建设的监督有所放松，但是对于永定县的卫生状况还是时刻保持着关注。如下福建省政府发给永定县的公文，福建省政府对于永定县上呈的公务统计方案卫生部分提出了应该注意的事项。不仅严格规定了报表材料的内容和格式，对于报表数据的准确性也提出了要求。其中要求报表材料范围除了法定传染病还应包括全县市所发生的传染病病例，而且政府之前已经给县里发过公文说明需要上报的疾病种类达62种，说明经过鼠疫一案，省政府对于传染病保持着高度警惕；要求总计与细数必须相符，则可以看出福建省政府对永定县卫生状况所保持的严谨态度，以防止出现错误数据导致不能及时掌握县里确切的卫生情况，这样做无疑有利于在突发情况发生时进行及时控制。

永定县政府县卫统计之一 84-8-3（1947—1949）

事由 令知公务统计方案卫生部分应行注意事项，仰遵照由。

福建省政府训令 雨卯东府民卫统 40343 号

中华民国三十六年四月，令永定县政府

查本府公务统计方案卫生部分，三十六年应行办理之报表前经以致亥感府民卫统一五七〇六八号，饬遵在案现令各县市先后填报到到府查核内容错误颇多，兹特将应行注意各点分示如下：（一）各报表材料之范围除法定传染病应包括全县市发生事实外，其他各表如疾病种类医疗工作妇婴卫生等均暂以卫生院所（或科）办理者为限；（二）疾病种类计分六十二种（见本府前发之县方案第一期一八七页说明栏），本月未发生之疾病可免列，但不得在规定外另列病名或仅列法定传染病数种；（三）有关数字必须相符如某一种工作之甲乙丙丁各表有关部分，或同一表内之有关部分（如妇婴卫生之产妇数胎数孩数生存情形等多属有关）不符矛盾情形特殊者应加说明；（四）总计与细数必须相符；（五）各表务须依照时间造报二份，如无事实发生亦应填送空白报表。以上各点合形令仰转饬卫生院（科）遵照办理为要此令。

四、结语

通过分析永定县民国档案所涉及的 1946 年鼠疫相关事件的点点滴滴，笔者粗略了解并分析了当时鼠疫流行的基本原因及带给我们的启示。显然，上报程序与策略、疫苗接种、灭鼠、药品准备与采购、公共卫生建设以及公共卫生宣传皆是鼠疫防治的重要环节，而其中任何一个环节出现纰漏都有可能导致不可挽回的严重后果。我们现在的生活虽已不大受传统传染病的威胁，但一旦出现疫情，不管是个人还是国家，都应该牢记传染病流行的基本特征，及时有效地推进防治工作，保证人民生命财产安全。

附 录

附录一

档案阅读训练

关于永定县节约献金运动的调查

李芳钰

　　"七七"卢沟桥事变以后,日本帝国主义侵略军发动的大规模侵华战争全面爆发。中华民族面临着严重的国难危机,全国上下各界民众纷纷投入保家卫国的抗战事业中。一系列的援助抗战的运动在兴起,如节约献金运动、扩大生产运动、节约建国储蓄运动等。其中节约献金运动发展规模大、影响范围广、时间持续久、贡献金额多。在1940年福建省就有了节约献金运动的一些施行政策,虽然献金数额不是非常庞大,但是多多少少在物质方面为抗战提供了经济援助,而且在精神方面也有助于凝聚民心。

　　关于节约献金运动的研究,学术界已经有许多发表的论文[①],关于福建省永定县在抗战时期的节约献金运动的一些施行方案,尚未有专文讨论,本文

---

　　① 如张中微:《冯玉祥与四川献金运动》,《文史杂志》1987年第4期;王京强:《抗战时期节约献金救国运动发端考》,《四川文理学院学报》2013年第4期;陈翔:《抗战后期四川节约献金救国运动评述》,《四川档案》2005年第5期。

结合永定区档案馆藏的两卷《永定县政府节约献金》的档案[①]，进行一些说明：

1940年，福建省新生活运动促进会通告：因二月十九日为新生活运动六周年纪念日，为举行典礼纪念民族伟大之运动的成果，并附带发动节约献金竞赛暨扩大献债运动。节约献金竞赛在此会上列入战时节约促进献金运动实施办法之内，春节快到了，应及时倡导，使民众领解战时节约之重要、节约所得贡献国家。借以支持展示之经费力量亦属要务！关于扩大献金运动，系为重庆市新运会所提倡，裨补抗建者尤钜，自应急起响应以收宏校！就新运六周年纪念暨发动节约献金竞赛办法（献债即竞赛包含在内）一份随文检发，即希查照郑重举行、热烈发动、具报为要！

（一）函各区属、各机关、各部队、各社团、各学校参加同会并参加节约献金。

（二）函党政军最高长官训话。

（三）函商会转各商店悬旗纪念。

新生活运动六周年纪念暨发动节约献金竞赛办法：举行纪念大会、举行扩大宣传、举行节约献金竞赛、贡献现金竞赛、献债竞赛。

可以看出在抗战时期节约献金运动的影响之广及实施办法之多，参与单位有各区属、各机关、各部队、各社团、各学校，还邀请党政军最高长官训话。这不仅在物质方面提供了经济支援，更为重要的是将民众的爱国心凝聚在一起，给予抗战有力的支持。

事由：为检发各机关应行停办不急之务清单一份仰遵照由

福建省政府训令

令永定县政府查三十三年度施政总检讨会议关于停办不急之务一案经本府计考核委员会签具意见，开列清单，提付本府委员会第四二二次会议议决修正通过记录在案，除分合外合行检发各机关应行停办不急之务清单一份令仰遵照此令。

---

① 《永定县政府节约献金》（1939年），永定区档案馆，档案号84-6-289;《永定县政府节约献金》（1940年），永定区档案馆，档案号84-6-317。

计附发各机关应行停办不急之务清单一份

主席刘建绪

福建省永定县节约献金运动的另一种体现方式停办不急之务，把当时一些要办的事情重新考虑一遍，到底需不需要马上办理，能节约不办的就不办，就是这样永定县政府列出了停办的要务表格。其中停办的要务理由有：实际情况难以实现、中央已取消该要务的实施、应从缓议、经费无多、省民力物力等。

总之，中国的节约献金救国运动是一场全国人民都参与进去的一场爱国运动，在抗战时期大后方有组织、有秩序地节约献金支援抗战，这种集体爱国意识的实践行为具有一定的历史意义和社会价值。

"陈□□危害民国案" 释读

姜　楠

《陈□□危害民国案 84-4-20（1937）》一案则是多起 "危害民国" 案件中的一个典型案例。从中可以看到国民党对苏区民众的严厉镇压，冠以 "匪" 名，施以重刑，也从另一个侧面呈现了中国共产党领导中国革命所面临的艰难处境，革命的胜利实属来之不易。

一、档案节录

陈□□危害民国案

中华民国二十五年度军字第 × 号

收案日期二十六年三月十四日

案 0020 号由：危害民国

县长：钟千丞

承审员：张寿祺

书记员：卢汉夫

告诉人：陆军第一五八师步兵第四七四旅第九四六团函解

被告人：陈□□

证人：

结案：二十六年三月三十日

归档：×年×月×日

卷宗目录页数 ××

公函笔录押票 一——五

名单笔录　　六——九

名单笔录　　十——十一

判决书　　　十二——十五

本卷宗目录连面底共一十八页

　　径启者案查敌团第一营，前于本年一月五日搜剿白腊坑之役，当场俘获匪徒苏□□、苏□□、陈□□等三名，并讯呈供词前来当经核请处草办旋奉。

　　旅长叶电令获匪苏□□、苏□□二名奉

　　准就地枪决；陈□□一名年幼盲从，着解送永定县酌判徒刑等。因徐将遵办情形呈办外，相应收匪犯陈□□一名，并付同抄供一纸函解。

　　贵府验收，酌判徒刑，仍希收判初刑期见示为荷，此致。

　　永定县长钟

　　附送匪犯陈□□一名，年十六岁，永定太溪莒溪人。纠供一纸

团长曾达矽

　　中华民国廿六年三月十四日

　　陈□□供词：

　　问：该伪中心区游击队人数枪枝几何？伪队长政委何人？

　　答：共有十九人，有十多支步枪，两支曲尺，队长是陈连标，政委郭得

胜（江西人）是新派来的。

问：该伪游击队由何处到白腊坑，住了几久？

答：本年八九月间，由平和芦溪逼来岐岭大山，这两三个月常往来湖雷太平畬里高地白腊坑等处，最近由高地到白腊坑。

问：你们知道军队去搜剿么？事前有无人去报讯？

答：不知道，也没见有人来报讯。

问：你们的粮食由何处得来？

答：由下山人送到半路特务长苏子溪（又名巫子溪）去接。

问：下山有人在伪永中游击队否？

答：有一个人，他叫陈生平，是当士兵的。

问：最近有无别股"共匪"窜匿岐岭大山俯迈？

答：第四支队第一大队最近由太平里开到湖雷方面去。

问：还有其他匪帮窜匿在天子崇一带否？

答：我没有见过。

陈□□

廿六，元月，七

姓名：陈□□

住址：无

犯罪行为：匪犯

羁押理由：第九四六团送办

押所普通室或接待室：无

中华民国廿六年三月十五日

点名单

记开

陈□□

民国廿六年三月十六日

二、内容概述

1936 年 1 月，16 岁的陈□□在赖医生的影响下加入了共产党在永和县（即永定县）的游击队，在阮文松的队下学习吹号，并在同年八九月间成为队里的一名号兵。

1937 年 1 月 5 日，陈□□被国民党驻军第四七四旅第八四六团第一营部队在永定县白腊坑搜捕。此次共有 3 位游击队员被捕，其中苏五旺、苏庚荣 2 人被当场处决，陈□□因年纪尚轻，被送由永定县政府斟酌判刑。

三、档案解读

（一）关于白腊坑

资料甚少，只知是现在福建龙岩永定区陈东乡共星村下辖的八个自然村之一。而文献中提及的"白腊坑之役"也并无资料。

（二）关于 1936 年前后的闽西苏区

从陈□□的供词"答：本年八九月间，由平和芦溪逼来岐岭大山，这两三个月常往来湖雷太平畲里高地白腊坑等处，最近由高地到白腊坑"一句中，提及当时红军的行动轨迹。1936 年八九月间，由平和芦溪来到岐岭大山，而关于这一事件，我只在 1935 年 6 月 23 日的《申报》中看见了这样一则报道："（厦门）永定讯：十师五九团十五日搜剿白腊坑，俘伪金丰苏区主席卢赐藩，毙匪四人。"有关报道甚少，但此金丰既是当时红军与国民党军队相遇之地，又是本案主人公陈□□被游击队招去当号兵之处。

1936 年的《红色中华》有一份相关报道《蓬勃发展着的闽西南赤色游击战争——在杭永岩宁安一带还存有大块苏区，当地红军非常活跃》："白区电：自中央红军主力军团离开了中央苏区北上抗日后，中央苏区的地方武装和游击部队至今还在坚持进行着抗日反卖国贼的战争。在福建江西的边界上，在福建广东的边界上，在江西的南部，福建的北部，都还有大队的红军在活动，特别是在福建西南部的永定、上杭、龙岩、永安、宁洋一带的苏区非但没有被消灭，还在继续扩大着，在那里，最高的领导机关是闽西北军政委员会，张鼎丞同志任主席，邓子恢同志任财政经济委员会主席，谭震林同志任军事部部长,方方同志任军事部主任。在那里的红军统计至少在 5000 人以上,如红第八、第九、第十七、第十八等团及明光独立营,代英独立营、永定独立营,龙岩游击大队,永东第一、二、三游击大队,永定抗日游击队等都非常活跃。"①

1946—1947 年永定县政府妇女团体档案初读

邱梓聿　肖佳琪

这次暑假我们实践队在老师的带领下来到了福建省龙岩市永定县进行红色文化资源的收集、整理与研究工作,在结束的时候,我们小组所分配到的是关于永定县政府妇女团体的一份档案②,档案的内容不是很多,在此,我们对档案的内容进行一个概述。

该份档案包括了永定县妇女团体的申报流程、妇女团体章程条目、妇女会理事因事任免改选、妇女会会员名单、职员名册等,从档案中可以看出永定县政府妇女团体的运行过程,让我们对 1946—1947 年的妇女团体有了更深的了解。

本档案中共出现两份妇女会章程,以下就是这份档案中出现的第一份妇女会章程:

福建省永定县妇女会章程

第一章　总则

第一条　本章程依据前妇女会组织大纲、妇女会组织大纲施行细则及非常时期人民团体组织法指定之。

第二条　本会定名为永定县妇女会。

第三条　本会以唤起妇女之国民责任心、提高其道德与智能、参加党

---

① 管其乾、童长福:《永安发现 1936 年〈红色中华〉对闽西苏区的报道》。

② 《永定县政府妇女团体》(1946–1947 年),永定区档案馆,档案号 A84–3–437。

团工作、增进自身及国家之福利为宗旨。

第四条　本会之址设于永定城内中正街遵池保第 220 号。

第五条　本会与乡镇得设立乡镇妇女会,定名为永定县某某乡(镇)妇女会。

第二章　任务

第六条　本会得筹办各种事业以改良妇女生活及其习惯。

第七条　本会之任务如下:

1.关于筹办一切改良妇女生活及其习惯事项;

2.关于发展女子教育事项;

3.关于发展女子职业事项;

4.关于妇女运动各种调查事项;

5.关于妇女运动宣传事项;

6.关于健全家庭住址及改善事项;

7.关于民族生存之母性健全事项;

8.关于保障妇女人权事项;

9.关于妇女救济事项;

10.关于发展社会公益事项。

第八条　本会应答复政府及自治机关之咨询并接受其委托。

第九条　本会接受上级妇女会之委托为各种调查与报告。

第三章　会员

第十条　凡年满二十岁以上之妇女得本会会员二人之介绍,皆得为本会会员,倘有下列情况之一者,不在此限:

(1)违反三民主义言论与行动;(2)褫夺公权者;(3)有不良之嗜好者;(4)营不正当之职业者。

第十一条　本会会员如有不得已事故必须退出本会,应于事前缮具理由书,经理事会核准,在未经准前对于本会会章仍须竭力遵守。

第十二条　本会会员在会务范围内有选举、罢免、创制、复决四权及其他公共应享之权利。

第十三条　本会会员有服从本会决议案及缴纳会费协助本会进行之义务。

第四章 组织及其职掌

第十四条 本会最高权力机关为会员大会或代表大会,但闭会期间为理事会。

第十五条 代表大会由乡镇妇女会按照人数比例选出代表若干人组织之。

第十六条 理事会由会员大会或代表大会选举理事七人、候补理事三人、监事三人、候补监事一人组织之,并由理事互选常务理事一人掌理全会日常事务。

第十七条 本会理事会之下设下列各股每股由理事会互选股长一人分掌之:

（1）总务股:掌理庶务会计文书保管及其不属其他各股事项;

（2）指导股:指导组织教育以及登记调查统计等事项;

（3）救济股:掌理宣传救济及其他社会公益事业。

第十八条 本会所属乡镇妇女会设理事五人,候补理事二人,监事一人,候补监事一人,由该会会员大会选举之,任期二年。

第五章 会务及权力

第十九条 会员大会三代表大会每年至少举行一次,遇必要时经理事会决议或会员四分之一以上之建议,由理事会召开临时大会,其权力如下:

（1）选举本会理事;（2）修改本会章程;（3）建议关于本会应与应革事项。

第二十条 理事会每月举行一次,遇必要时得开临时会由常务理事召集之,其权力如下:

（1）执行会员大会或代表大会之决议;（2）指挥各项工作之进行;（3）监事各区分会理事之选举。

第六章 选举及任期

第二十一条 理事会之任期为二年,连选得连任之。

第二十二条 理事会之任期未满因故不能执行职务时,由候补理事依票数之多寡依序递补之,以补充原任之任期为限。

第七章 经费

第二十三条 本会经费暂时由县府每月发八百元补助,必要时或募集特别捐。

第二十四条　本会经费之收支除按月造具清册报府核销，并于理事会时提出报告之。

第八章　纪律

第二十五条　本会之员有下列情事之一者，由理事会或会员大会酌量情形予以警告或开除会籍之处分：

（1）不遵守本章程第七条之规定者；（2）滥用本会名誉及有其他不正当行为确有妨害本会名誉者。

第九章　附则

第二十六条　本会办事细则另定之。

第二十七条　本章程如有未尽事宜由会员大会决议，呈请永定县政府修改之。

第二十八条　本会章程由会员大会通过，经呈准永定县政府备案施行之。

第二份章程如下：

福建省永定县妇女会章程

第一章　总则

第一条　本章程依据前颁妇女会组织大纲、妇女会组织大纲施行细则及非常时期人民团体组织法制定之。

第二条　本会定名为永定县妇女会。

第三条　本会以唤起妇女之国民责任心、提高其道德与智能、参加党团工作增进身自及国家之福利为宗旨。

第四条　本会会址附设永定县党部。

第五条　本会于乡镇得设立乡镇妇女会，定名为永定县某某乡（镇）妇女会。

第二章　任务

第六条　本会得筹办各种事务以改良妇女生活及其习惯。

第七条 本会之任务如下：

1.关于筹办一切改良妇女生活及其习惯事项；

2.关于发展女子教育事项；

3.关于发展女子职业事项；

4.关于妇女运动各种调查事项；

5.关于妇女运动宣传事项；

6.关于健全家庭组织及改善事项；

7.关于民族生存之母性健全事项；

8.关于保障妇女人权事项；

9.关于妇女救济事项；

10.关于社会发展公益事项。

第八条 本会应答复政府及自治机关之咨询并接受其委托。

第九条 本会接受上级妇女会之委托为各种调查写报告。

第三章 会员

第十条 凡年满二十岁以上之妇女得本会会员二人之介绍，皆得为本会会员，倘有下列情形之一者不在此限：

（1）违反三民主义言论与行动；

（2）褫夺公权者；

（3）有不良嗜好者；

（4）营不正当之职业者。

第十一条 本会会员如有不得已事故必须退出本会者，应于事前缮具理由书经理事会核准，在未经准前对于本会会章仍须渴力遵守。

第十二条 本会会员在会务范围内有选举、罢免、创制、复决四权及其他公共应享之权利。

第十三条 本会会员有服从本会决议案及缴纳会费协助本会进行之义务。

第四章 组织及其职掌

第十四条 本会最高权力机关为会员大会或代表大会，但闭会期间为理事会。

第十五条 代表大会由乡镇妇女会按照人数比例选出代表若干人组

织之。

第十六条　理事会由会员大会或代表大会选举理事九人、候补理事三人、监事三人、候补监事一人组织之，并由理事互选常务理事三人，并推理事长一人，掌理本会日常事务。

第十七条　本会理事会之下设下列各股每股由理事会互选股长一人分掌之：

（1）总务股：掌理庶务会计文书保管及其不属其他各股事项；

（2）指导股：指导组织教育以及登记调查统计事项；

（3）救济股：掌理宣传救济及其他社会公益事业。

第十八条　本会所属乡镇妇女会设理事五人、候补理事二人、监事二人、候补监事一人，由该会会员大会选举之，任期二年。

第五章　会务及权力

第十九条　会员大会或代表大会每年至少举行一次，遇必要时经理事会决议或会员四分之一以上之建议，由理事召开临时大会，其权力如下：

（1）选举本会理事；

（2）修改本会章程；

（3）建议关于本会应兴应革事项。

第二十条　理事会每月举行一次，遇必要时得开临时会由常务理事召集之，其权力如下：

（1）执行会员大会或代表大会之决议；

（2）指挥各项工作进行；

（3）监察各区分会理事之选举。

第六章　选举及任期

第二十一条　理事监事之任期为二年，连选得连任之。

第二十二条　理事监事之任期未满因故不能执行职务时，由候补理监事依票数之多寡依序递补，以补充原任之期为限。

第七章　经费

第二十三条　本会经费暂时由县政府每月发八百元补助，必要时或募集特别捐。

第二十四条　本会经费之收支除按月造具，请册帐府核销并于理事会时提出报告之。

第八章 纪律

第二十五条 本会会员有下列情事之一者,由理事会或会员大会酌量情形予以警告或开除会籍之处分:

(1)不遵守本章程第七条之规定者;

(2)滥用本会名誉及有其他不正当行为。

第九章 附则

第二十六条 本会办事细则另定之。

第二十七条 本章程如有未尽事宜,由会员大会决议申请永定县政府修改之。

第二十八条 本会章程由会员大会通过呈准永定县政府备案施行之。

经对照可发现两章程几无差别,根据整份档案前后内容可知,经上报县政府,此妇女会章程应该是得到了许可。

同时档案内还出现了第三届妇女会职员名单,如下内容:

永定县妇女会第三届职员名册

职别	姓名	年龄	籍贯	经历	住址	备注
理事长	曾韵秋	二九	永定	永定县卫生院剂药员	卫生院	
常务理事	彭吟可	二二	永定	简易师范		
常务理事	郑金祥	二七	永定	复兴民校教员		
理事	祝仪兰	四七	永定	永定县立民泉教育馆	民泉教育馆	
理事	张莲如	二一	永定	简师附小校长	简师附小	
理事	赖秀卿	三四	永定	永定县中干事	永定县中	
理事	连问梅	二一	永定	凤城镇中心民校教员	三民主义青年团	
理事	刘俊	二三	永定	永定县政府雇员	永定县政府	
理事	赖锡芹	一九	永定	凤城中心小学教员	凤城中心小学	
候补理事	郑九华	二六	永定	凤城中心小学教员	凤城中心小学	
候补理事	吴蕴玉	一九	永定	凤城中心小学教员	凤城中心小学	

续表

职　别	姓　名	年龄	籍贯	经历	住址	备注
监事	沈秀娟	一八	永定	凤城中心小学教员	凤城中心小学	
监事	丘传英	二三	永定	永定中学毕业		
监事	吴梅英	二六	永定	永定中学毕业		
候补理事	卢衍香	二二	永定	永定简附肄业		
候补理事	黄宝卿	三二	永定	永定县卫生院护士		

而在档案第 36 张的职员名单表记载的内容则如下：

常务理事	廖月英	理事	黄雅英	理事	赖素梅
理事	赖月仙	理事	郑金祥	监事	曾韵秋
理事	赖秀卿	理事	江智照	监事	祝仪兰

二十六年三月八日

45 人　　　　卢玉东

理事长	曾韵秋	永定县卫生院药剂员
常务理事	彭吟可	永定简易师范学校肄业
常务理事	郑金祥	永定县立初级中学毕业
理事	祝仪兰	永定县民众教育馆干事
理事	张莲如	永定简师附属小学校长
理事	赖秀卿	永定县立中学干事
理事	连问梅	凤城镇中心民校教员
理事	刘俊	永定县政府雇员
理事	赖秀芹	凤城镇中心民校教员
候补理事	郑九华	凤城镇中心民校教员
候补理事	吴蕴玉	凤城镇中心民校教员
候补理事	黄宝卿	永定县卫生院护士
常务监事	沈秀娟	凤城镇中心民校教员
监事	丘传英	永定县立初级中学毕业
监事	吴梅英	永定县立初级中学毕业
候补监事	卢衍香	永定县立简易师范学校肄业

女 53 人　　共计 53 人

每月由县政府月补助一千五百元。

1. 完成乡镇妇女会组织。

2. 协助民校举办妇女补习班。

3. 征求妇女党员。

4. 策动妇女公荐候选人检核。

5. 策动妇女参加乡镇民代表竞选。

廖月英、赖文仙、黄雅英、江智照、赖素梅均离县他往故提前改选。

1947 年 3 月 19 日

联系其他页档案的妇女会理事长签名的变化可知妇女会改选的情况，并且在职员名单中还可以了解到这些妇女会职员的职业和政治背景。

档案中剩下的部分就是永定县政府和福建省政府的一些关于妇女会章程确定、人员改选的电报。

行前在厦门大学马克思主义学院的培训会

附录二

实践感悟

郭 睿 等

1. 郭睿（国际学院）

此次我们闽西实践队第一组在龙岩市永定区展开红色文化的调查研究，历时一周，这段时间的亲身体验以及小组回校之后的整理回顾都让我对闽西红色革命老区的历史文化底蕴有了更深的了解。闽西是著名的革命老区、红色摇篮，是毛泽东思想的初步形成地，历来是红色文化研究的重点区域。闽西红色文化资源十分丰富，目前龙岩共有革命遗址 410 处，其中全国重点文物保护单位 6 处、省级文物保护单位 17 处、县级文物保护单位 102 处。这些宝贵的红色记忆是我党我军的"根"和"魂"，这里是一块红色的土地，是全国赢得"红旗不倒"光荣赞誉仅有的两个地方之一。在这里，留下了毛泽东、周恩来、刘少奇、朱德、陈毅等老一辈无产阶级革命家从事伟大革命实践的深深印记，毛泽东同志写下了《古田会议决议》《星星之火，可以燎原》《才溪乡调查》等光辉著作，这里成为毛泽东思想的重要发祥地。闽西红色基因的强大并非成就于一朝一夕，因此，要想研究闽西地区的红色文化，研读珍贵的史料是必不可少的一个环节。

作为闽西实践队的先锋小组，在这一周，我们集中大部分精力在档案馆里，集体阅读、交流、扫描并保存了珍贵的民国时期的永定县所遗留下的史料便于深刻学习。民政类、军事类、经济类等全方面、多角度的珍贵的档案，仿佛让我们站在时间轴上与历史对话，倾听那个年代这里发生的一桩桩一件件事，仿佛见证着红色文化萌芽、成长、成熟的过程。永定是全国著名的革命老区，在福建革命斗争史上创造了"六个第一"：成立福建第一个农村党支部、闽西第一个团支部；爆发福建第一次由县委领导的、规模最大、范围最广、时间最长、影响最深远的群众性武装暴动——永定暴动；建立福建第一支以红军命名的队伍——溪南红军营；开辟福建第一块苏维埃区域；首创溪南土改分田经验并在中央苏区和其他革命根据地全面推广。永定留存了丰富的红色资源，全区现有革命旧址 45 处。这些红色资源的价值集中体现在三个方面。一是毛泽东二进永定。古田会议召开前，毛泽东二进永定，时间长达 70 多天，其间开展了系列革命活动，在湖雷、岐岭、合溪、虎岗等 10 个乡镇留下了伟人的足迹和宝贵的红色革命遗产。二是土地革命贡献。永定是全国最早开展土地革命的三个地区之一，诞生了福建省第一部《土地法》。永定金砂金谷寺，张鼎丞纪念馆和永定暴动陈列馆，岐岭饶丰书房，赖氏宗祠，张家祠都是土地革命时期重要的旧址、遗址。三是中央红色交通线。永定是中央红色交通线中的重要一段，从广东青溪摆渡汀江到陆路入闽第一站永定伯公凹交通小站，经永定县城到金砂，从金砂古木督永昌楼这个大陆的唯一交通大站沿山间古道经西溪赤寨往合溪孟良公祠交通中站，最后离开永定前往长汀抵达中央苏区红都江西瑞金。虽然只是一个小县城，但是永定县红色文化的研究价值却不容小觑，在中国多灾多难的时期，正是这一个个小地区的红色力量支撑起整个中国的磅礴的红色天空。

每天晚上，我们闽西实践队第一组的两名带队老师都会组织大家进行总结会议，大家在会议上畅所欲言，彼此分享自己在扫描、阅读档案时遇到的疑惑以及产生的感悟，同时表达自己内心按捺不住的实践感受，每天收获到的丰硕的实践成果都让大家兴奋不已，这也为后续的研究调查创造了良好的氛围，同时为接下来在永定参观调查的第二小组和第三小组奠定了良好的基础。两位带队老师谈吐幽默，总是尽量帮助我们无所顾虑地发言、分享，也常常不遗余力地将他们所知道的红色故事、红色历史与我们分享。在这一次次的交谈会议上，我们收获到越来越多的研究红色文化的经验以及许多人生的大智慧，我们一行人彼此之间也越来越熟悉，气氛也越来越融洽，大家早已打破了初见时彼此陌生的窘迫感，越发怡然自得。带队的李小平教授常常邀请龙岩当地著名的红色文化研究者、龙岩学院的教授等给我们讲述这片红色土地上发生过的轰轰烈烈的红色故事，我们细细聆听，感受颇深，心中的震撼久久不能散去。同时，我们也从内心里十分感激这些老师，不辞辛苦地赶来支持我们的此次闽西红色行，我们能做的就是尽心研究这片土地的红色文化，并尽力传承、发扬，努力将此次实践做出真正切实可行的成果，为这里的红色文化发展贡献一份力量。

除了在档案馆阅读、扫描档案，我们的带队老师还带领我们参观了永定的土楼博物馆，以小见大，领略了福建土楼的文化。福建土楼博物馆是永定展示客家文化的重要交流平台，包括"建筑奇葩""源远流长""内涵丰富""崇正报本""保护传承"五个部分，是永定文化旅游产业一精品项目，是福建省重点推进的客家文化保护建设十大项目之一的客家博览园的核心组成部分，该博物馆陈列展名为《客家梦•土楼情》，分序厅、文化瑰宝、源远流长、薪火相传、梦中故土、守望家园等六个部分。整个展览以福建土楼为主线，突出土楼与客家的关系，展示了土楼高超的建筑技艺和丰富多彩的客家土楼文化，深入诠释了世界遗产委员会的评价——"世界上独一无二的集居住和防御功能于一体的山区民居建筑的福建土楼，体现了聚族而居之根深蒂固的中原儒家传统观念，体现了聚集力量、共御外敌的现实需要。同时，土楼与山水交融、与天地参合，是人类民居的杰出典范。"馆内还设立"土楼与烟草专题陈列"，展示福建烟草的种植与生产的发展，重点展示永定条丝烟的辉煌，以及和世界文化遗产福建土楼（永定）的重要关系。我们有幸参观博物馆，深为声光电多媒体全方位的布展方式所震撼，再结合专职讲解员的生动讲解，我们如同穿越时空、身临其境。在了解远古时期的生命演化过程的同时，还领略了天工造物的神奇和大自然的美妙，欣赏了色彩斑斓的蝴蝶和动物世界以及体验了客家人百年前的集市生活。土楼博物馆有别于国内其他博物馆的是其内容的多样性、科学性、知识性、趣味性及观赏性。每个区都能以点带面，做到一步一景，使前来参观的游客赏心悦目、流连忘返。其中让我们尤其震撼的特色看点包括古生物化石标本、钟乳石溶洞奇观、客家民俗文化古街、客家土楼建筑技艺展示、4D 油画互动区以及古色古香的根雕艺术长廊等。此次参观福建土楼博物馆，既是为了调节我们的身心，也是为了让我们走出工作区域，加深对龙岩永定的了解，以获得别样的感悟。

参观了土楼博物馆，我们也有幸到真正的永定土楼参观，领略这种中外闻名的奇妙建筑的风光。客家土楼建筑闪耀着客家人的智慧，它具有防震、防火、防御多种功能，通风和采光良好，而且冬暖夏凉。它的结构还体现了客家人世代相传的团结友爱传统，试想几百人住在同一幢大屋内朝夕相处，和睦共居当然是非常重要的，客家人淳朴敦厚的秉性于此也可见一斑。一进入土楼，立即就能感觉到那种深沉的历史感和温和的气氛。一座土楼也确实如一个小社会一般，在过去时代的限制下，客居异地的客家人不得不最大限度地自给自足，而土楼的结构及功能充分满足了这个小农经济的特色需要。楼内的水井、厨房、仓储、卧室、粮食加工房、柴火间、猪牛舍、厕所等设施一应俱全。全家族人在得到基本的生活保障的同时，又尽享几代同堂、合家团圆的天伦之乐。在这些土楼中，最有名的当属振成楼。它作为最富丽堂皇的客家土楼，是客家土楼的精品，被称为"土楼王子"。楼内有众多名流名家楹联，充分展示了土楼文化内涵。我们跟随向导的脚步，体会这些土楼独一无二的风姿，同时也感叹于永定这方小小的土地人杰地灵，蕴藏着如此多中华民族的瑰宝。

党的十九大进一步明确了党领导人民在革命中创造的革命文化是中国特色社会主义文化重要组成部分，并把建设中国特色社会主义文化写入党章，彰显了文化自信。习近平总书记曾指出："无数革命先烈留下的优良传统是永远激励我们前进的宝贵财富，任何时候都不能丢。对于红色文化资源，我们既要注重有形遗产的保护，又要注重无形遗产的传承，大力弘扬红色传统。"对于龙岩永定来说，深入挖掘红色文化底蕴，准确定位自身优势和潜力，立足现有条件夯实红色文化发展基础，同时补齐全域旅游短板，助推文旅兴区战略，方能充分利用好自身丰富的红色文化资源优势，实现红色文化资源的开发利用。这也是这趟闽西实践进行的真正意义吧！

2. 江锟元（医学院）

我在这次实践活动中收获颇多。总体上来说，这次实践活动超出我的预期：我原以为会在一个几乎封闭的空间里从事着无聊的机械运动工作一周，又因为是老师带队大家难免会有些拘束，也就很可能会出现大家埋头苦干到了实践尾声谁也不认识谁的尴尬局面，但是很幸运的是我们的带队老师李老师非常随和，能很好地和我们这些乳臭未干的孩子们交谈、讨论，更棒的是我们还有三位极佳的助理学姐，因此我们的实践过程相当愉快，也认识了许多人，很开心。此外，在工作上，老师和学姐们也很乐意回答我们的问题，我从未想过只是在档案馆查看、扫描资料能够学到这么多有趣的知识和技能（我想我现在也能破解苏州码子的奥秘了），通过一些技巧来读懂民国时期的档案也令我对那段历史有了更深刻的认识，从档案中记录的点点滴滴，以小见大来反映那个时代的特征，待到自己明白了某件事的来龙去脉也超有成就感。最后是我的选题，我最终选择与同班同学杨干共同完成1946年永定鼠疫的探究，这个过程对我这个医学生来说几乎是令人享受无比的，做自己喜欢的事一定是最幸福的。

3. 杨干（医学院）

我们本次实践的主要活动是扫描档案，虽然每天重复一样的工作不免枯燥，但是正如一位同行的学姐所说，我们扫描档案这件事情本身就是一件很有意义的事情。因为每一份档案都承载着历史的一部分，都是后人了解历史的重要资料，我们将破旧不堪、随时可能被破坏或已经有破损的档案扫描保存下来，对我们和后人来说都是一笔宝贵的财富，所以在扫描的时候我们都很小心专注，而当自己用心去做一件事情的时候，就不会觉得枯燥无趣了。而且扫描的时候我们也不时关注一下文件内容，从中或多或少地了解一些永定当地民国时期的生活状况和历史事件，也别有一番趣味。在这次实践中，带队老师和几位学姐为人亲和体贴，其他来自各个学院的同学也各有特色，

倒影：去档案馆途中遇雨（江锟元 摄）

大家共事的几天，总是互相帮助互相逗趣。虽然我比较拘谨，但是在这样的一个集体环境下也会感觉比较安心踏实。和大家相处的过程当中，我也学到了很多。几天实践下来，我对永定这个地方也有了更多的了解，不是很繁华而富有生活气息的街道，高大壮阔的客家土楼……这次实践对我来说是新鲜而有趣的，很开心能在这次实践中接触到这么多有趣的人和事。

4. 张凯（管理学院）

2018年暑假，我参加了马克思主义学院李小平老师和董兴艳老师主持的社会实践，为期一周的永定之行带给我的是能力和见识的提升，还有美好的体验和珍贵的情谊。

永定是闽西的一个小县城，隶属龙岩市。我们本次实践的地点选择了永定县的档案局，档案将风云岁月的历史原封不动收藏起来，记录着历史长河里的点点滴滴。我们翻开尘封近百年的民国档案，从字里行间了解民国时期这个小县城里发生的一切，体会当时平凡世界里的嬉笑怒骂、爱恨情仇，用当代的眼光回望那段不一般的历史，更新我们原本的认知，感受民国历史的缩影，从而得到新的收获。

了解过去，才能更好地走向未来。翻开这段厚重的历史，我们看到了民国的永定县社会生活的方方面面，小到柴米油盐酱醋茶的钱粮事项，大到处决某个重犯的重要案件，从经济到政治，从百姓到官员，从放牛种田的底层民众到发号施令的一县之长，我们看到了当时社会生活的真实影像，感受到当时社会的动荡不安，人民生活的艰苦辛酸。

我们每天的任务是扫描保存文档内容加以分析，在这相对枯燥的过程中，我们进行了两次令人收获匪浅的土楼参观学习，给平淡的实践活动平添了几分生动和有趣。一个小雨的午后，我们一行乘车前往土楼博物馆参观，我们学习了土楼的悠久历史、建筑特色、工艺技术以及土楼居民生活的方方面面，对客家人有了更为清晰的认识。为了更近距离地感受土楼的风光，真实地接触土楼建筑，我们在即将结束实践的前一天前往永定土楼群，参观当地古老

在永定区档案馆的工作照

的建筑，楼主热情地请我们喝茶，学长耐心地为我们讲解土楼常识和当地风俗，这一天我们每个人都得到满满的收获。

实践途中，队员的团结友爱是必不可少的。我很幸运，遇到了一群能干又可爱、体贴又有趣的朋友和老师，每一个人都尽力做好每一件事，同时照顾着身边的队员，所有人紧密团结，一起工作，一起说笑，一起拍照，一起度过七天美好时光，老师也和我们融为一体，工作时精心指导，生活中可爱风趣，这段时光虽然短暂，却是每个人心里珍贵的回忆。

实践活动虽然结束了，但我们的实践永远在路上，实践带给我们的我们会永远珍藏。

5. 朱婷婷（管理学院）

小学期的社会调查课给了我这次跟随马院老师社会实践的机会。实践的日期是从 7 月 22—28 日。在这一周的时间内，我们闽西实践队第二组的小伙伴们从相遇相识到相知，充实而有趣。

实践的主要工作就是在永定档案馆里扫描民国档案，附加任务就是在扫描存档的过程中寻找自己感兴趣的内容，加以翻译以便有更深一步的了解。老师希望我们从自己的角度去了解民国时期的永定县，以此来描绘出一个多视角丰富广阔的永定县民国风貌。

虽然大多时间都是和小伙伴们在办公室里扫描档案，却一点也不觉得枯燥乏味。小憩时谈谈天，欢声笑语、和谐温暖。但扫描档案却是一项十分考验人耐心与细心的工作。稍微走神、打盆都可能会使录入的案卷顺序出现差错或者内容有所遗漏。在同伴们的帮助和暖心的鼓励下，我慢慢适应工作的节奏，变得集中高效。

不仅是工作上、心态上的收获，更有胃口的大大满足。不得不说的是，实践的伙食真的很令人惊喜呀，顿顿都是在幸福中度过。

每晚 8：30 开始进行工作总结和讨论

总体来时，这次的社会实践收获颇丰，不仅帮老师完成了部分工作，增加对民国时期的永定当地生活的了解，培养了耐心与细心，更是结识了一群认真负责、可爱的朋友们。希望今后能够珍惜这样的机会，做一些有意义的事情，留下充实美妙的记忆。

6. 邱梓聿（管理学院）

在小学期的时候，我选修了马克思主义学院的"社会调查方法论"，因为机缘巧合，进入这个实践队，在福建省龙岩市永定县进行"福建红色文化资源的收集、整理与研究"主题的社会实践。我们通过在档案馆扫描，接触到红色文化的资料，这个工作一方面使历史资料电子化保存，不易遗失和破损，另一方面，在扫描的过程中，我也接触到了各种各样的历史资料，或有趣，或纪实，都令我受益匪浅。

到达永定的第一个早晨，我们来到永定区档案馆，老师从档案馆中选取部分档案，我们则两人一组，一人扫描，一人操作电脑，交替完成，这次选取的资料大多距今已有七十多年，有些档案遭遇虫咬，甚至破损，这也体现了资料电子化的必要性。在扫描档案的过程中，翻看档案，发现有很多与之前想象不一样的地方，比如在法官审问犯人的对话中，可以发现虽然在官方文件里仍然使用文言文，但那时候人们的说话方式与如今没有太大区别。还有当时的货币价值，甚至政府官员的入职考试试题这些有趣的资料，使得扫描这项原本枯燥的工作生动起来。在一天的扫描工作结束后，董老师在晚上会组织同学们讲述自己的扫描资料的看法，引导同学们确定探索方向，集思广益，使思维更加开阔，选题更加大胆。在离开永定前的那天晚上，董老师分别指导每组同学研究主题的大致方向，使我们的思路更加清晰。

经过讨论，我与肖佳琪同学选择《永定县政府妇女团体》（1946—1947年）这一档案进行研究，对档案里的资料进行解读，对档案中的内容进行简单的介绍和概述，我们的任务分工是由我进行档案的录入，使图片变成文字，接着由肖佳琪同学对档案进行分析，形成报告。

在这次社会实践中，我走进了档案馆，与历史资料近距离接触，体验了扫描这一项工作，了解其背后的价值与意义。在实践过程中，老师不仅带我们完成扫描工作，还引导我们探索档案背后的故事，使这次实践更加深入，实践队的同学们也都积极地表达自己的想法，给我们带来灵感，在这期间，我也收获了友谊。此外，在永定的七天，我们亲身体验了永定的风土人情，对永定这个闽西县城有了一定的认识。这次社会实践给我带来了诸多体会，留下了美好的回忆！

7. 肖佳琪（人文学院）

暑期，我参加了马克思主义学院的社会实践队。我们这次的实践主题是"福建红色文化资源的收集、整理与研究"，按带队老师的安排，来到永定县我们主要是进行收集与整理部分的工作，而红色文化资源的研究部分则是安排在实地实践之后由实践队成员分小组完成。

实践的第一天，老师首先带我们来到永定区档案局进行场地、器械熟悉，教我们如何使用扫描仪，如何拆卸、装订档案，如何在扫描的时候不损坏档案。在这些准备工作之后我们开始了分组作业，我与邱梓聿同学一组，在重复工作中逐渐掌握了高质量的工作方法，并且因为长时间扫描档案比较累，所以我们也都是轮换着使用扫描仪，而处于休息状态的一位同学则是看着电脑屏幕上出现的一张张扫描图片，确认是否合格，如不合格，对扫描中的同学进行提醒。我和邱梓聿同学两人虽然是经由这次实践初次相识，但配合默契，工作也进行得很顺利。每天晚上，董老师会组织大家进行讨论会，让大家对当天扫描的档案中自己有兴趣的部分进行发言，之后董老师一一对同学们进行后期研究档案的方向予以引导，以帮助启发我们如何撰写实践报告。

实践结束之后，我们小组选择了一份关于永定县妇女团体的1946—1947年的档案进行后期研究，进过浏览档案照片，我们决定对这份档案中的内容进行一个简单的介绍和概述，在报告的撰写过程中，邱梓聿同学主要负责档案的录入工作，她录入得很认真，也是运用了暑假时间分段有规划地完成，而我主要负责报告的撰写，我觉得我写得不是很好，只是尽力分析了档案内容，请阅者多多指正。

这次社会实践给了我走进档案馆、了解地方档案管理模式的机会，也在与实践队成员的配合、协作中建立了深厚而珍贵的友谊，并从身边的老师和同学身上学到了很多我所缺失的能力和品质。这是我第二次参加这个实践队了，对于带队老师我觉得熟悉而亲切，也比上次更快地进入状态，能在很短时间内适应社会实践每天的生活，这应该也是我大学本科阶段最后一次社会实践经历了，很高兴能有一个圆满的结束，我觉得这会是我大学生活中美丽的回忆。最后，我想说我认为这是一次非常充实的社会实践。

8. 薛瑞（医学院）

对于永定最初的印象就是在电影《大鱼海棠》里的画面，永定土楼更算是这个县城的招牌，每一处的设计都充满了古人的智慧。在欣赏古楼古韵的同时，也体会到了客家人的热情好客。他们用茶来接待疲惫的行人，十几个人围坐在一桌，边喝着主人沏的茶，边听着楼主人讲着关于古楼的故事，享受着优哉游哉的慢生活。参观永定博物馆，这个地方从古至今的传统的风俗，一方一土一风俗，土楼建造的智慧，"造大福"的传统民俗，婚丧嫁娶的各种仪式以及在历史的长河中被当地的人们永远记住的那些人，都给我留下的深刻的印象。印象最深的就是胡文虎，他以"万金油大王""报业巨子""大慈善家"被人们熟知，是很有名的爱国人士。他发明的万金油至今还广为人喜爱。这次实践的主要任务就是，用扫描仪把民国时期的档案存成电子版，用以珍藏。对于第一次接触档案的我来说，这个任务虽然相对来说比较机械化，但对我来说确是神圣的。民国时期至今已经有很多年，那些档案里的每一张纸，每一个字都是经过时间沉淀下来的。这个实践是比较有意义的，它帮助档案馆更好地储存史料贡献了我们的一分力量，同时也对于研究人员提供了更为便利的查阅方式。

不得不提一下，在社会实践时候的每一餐，都可以吃到永定当地的特色菜，是件相当幸福的事情。每天在结束的实践之后，老师都会在我们休息了一阵以后，把大家聚集在一起，开个小会，交流自己今天工作接触文书的时候所遇到的感兴趣的东西。每次在开会的时候，民宿的阿姨都会给我们准备好多好吃的水果，大家边吃水果，边分享自己今天的收获。大家在欢声笑语中，彼此更加了解。

细节之处彰显出这个小城镇的礼仪。

虽然在永定的时间只有一个星期，去的地方也不是很多，但有很多印象比较深刻的事情。印象最深刻的就是，在每次过马路的时候，司机都会很有礼貌地停下来，让行人先通过。这样一个小小的细节，让我在内心深处，感受到了永定这个小城镇的礼仪之道。此外，也注意到了另外一个小细节，永定区在马路边的停车位是有斜度的，这样不仅仅可以容纳更多车，也更方便司机的停车和出行。这个小城镇的斑马线也有些许的不同，斑马线并不像是普通的那样，而是左右平行交错开的，这样更方便于马路两边的行人分开走，避免碰撞之类的小摩擦。

这次的实践对我来说，是很值得的。交志同道合的朋友，接触自己一起没有做过工作，去自己没有去过的地方，看自己以前没有看过的风景。

谢谢老师和助教，暑期实践的时候对我们每个人的关心。两个老师都非常好，不仅十分和蔼，而且十分耐心，遇见不懂的地方去问老师，老师都会很耐心地给我们讲解。谢谢老师的关心，我们都能感受得到。

9. 黄舒婷（管理学院）

我这次有幸加入闽西实践队，和实践队友一同参与到福建红色文化的收集、整理与研究中，老师的用心指导与队友的友善互助都让我在实践过程中感受到家一样的温暖。

在短短几天的实践过程中，我使用扫描仪扫描档案的技能日益增强，从手忙脚乱到有条不紊，在扫描过程中还能抽出些许闲暇将档案快速浏览。不仅如此，我对于繁体字的识别能力也增进了不少，从刚开始遇字不识都要问老师到后来能够大致读懂文义，进步不可谓不大。

在实践过程中，老师反复提醒我们要小心谨慎，在不损坏文件原件的前提下进行文件扫描。民国资料距今时日已久，虽精心封存，有些文件甚至经过装裱修补，但纸张仍旧脆弱不堪，甚至紧密黏结，难以翻页，为我们的扫描工作增加了不少的阻碍。在扫描过程中，我们一直都小心谨慎地对待，不敢使太大的力气，怕一不小心就把重要的文件撕毁。遵守保密协议更是老师一直强调的事情，在扫描过程中严禁使用手机拍摄档案原件，也不能私自拷贝文件甚至流传到网络上。守信重诺是人生的必修课，君子有所为，有所不为，我们每一个人都应该守住底线，绝不僭越，这样才能对得起老师对我们的信任，才能无愧于我们的良知。

实践过程并非日复一日的在办公室中扫描档案，两次的外出实践也让我受益匪浅。永定的土楼凝聚了客家人的智慧，楼体不仅体现了建筑之美，而且满足了日常生活的各种需求。身处其间，才知冬暖夏凉，房间众多，排列整齐，足够一个大家族祖祖辈辈居住而不显得拥挤……

有幸加入实践队，在与老师与队友的相处中，在认真务实的实践过程中，我增长了见识锻炼了能力，很高兴能为实践的圆满完成贡献自己的微薄之力。

10. 刘铭东（人文学院）

这一次社会实践，我们对于福建省龙岩市永定区（原永定县）在近代时教育会的实行和发展有了大致的了解，也有了我们自己的思考和理解。其实这只是我们在为期七天的社会实践里所了解和学习到的知识当中的冰山一角，在这七天当中，我们对福建红色文化资源有了一定量的收集、整理和研究，同时对于20世纪20—40年代福建省永定县的红色革命文化有了全面而浅略的了解和探究。在这七天内，我们或是在档案馆中取查档案，或是去实地进行考察，身心均受到了良好的熏陶。在这七天的社会实践当中，我们不仅了解了永定红色革命文化，知晓了在当时社会背景下永定县的生活面貌和政治、经济、文化等方面的风貌，了解了永定县人民对于革命事业和解放事业的杰出贡献，明白了共产党领导下的永定和尚处革命阶段的永定相比有了怎样长足的进步，而且我们也培养了自身勤劳耐心、刻苦认真、严肃端正的工作精神，激发了我们内心深处热爱祖国、热爱人民的情感，也为中国共产党和各阶级人民群众对革命的贡献感到欣喜与骄傲的爱国精神和民族精神。

实践队分三组接续展开调研